# Cuerpo Especialistas de atención sociosanitaria, educación especial y cuidados auxiliares de enfermería (subgrupo C1) de la Generalitat Valenciana

# Escala Educación Especial

Marzo 2026

SE 07

# Curso

## MAD360

*La diferencia entre aprobar*
*y sacar plaza*

## Cuerpo Especialistas de Atención Sociosanitaria, Educación Especial y Cuidados Auxiliares de Enfermería

# Escala de Educación Especial

## GENERALITAT VALENCIANA

Si aún no dispones de tu **Curso MAD360**, te ofrecemos un acceso GRATIS de 30 días para que disfrutes de los siguientes recursos:

- Técnicas de Memoria 360.
- MADTEST: Test *online* Nivel PRO.
- Temario en formato digital.
- Planificación de estudio.
- Foro entre opositores hasta la fecha del examen.*
- Recursos y novedades exclusivas.
- Consúltanos sobre tu oposición y proceso selectivo.
- Actualizaciones legislativas (Boletines Oficiales) hasta 60 días antes de la fecha del examen.*

Para acceder a esta prueba del Curso MAD360** será necesaria la compra de todos los libros para esta especialidad de la edición 2026.

Regístrate en **mad.es/iniciar-sesion** y, en la pestaña **MIS CURSOS**, valida los códigos que encontrarás en la última página de tus libros. Recuerda que dispones de un plazo de **45 días desde la fecha de compra** para realizar la validación. Si no verificas tu matrícula, el periodo de uso del curso comenzará a contar aunque no hayas accedido.

---

**NOTA IMPORTANTE:**

* Examen de esta categoría profesional correspondiente a la convocatoria publicada en el DOGV núm. 10314, de 3 de marzo de 2026, o hasta el 30 de abril de 2027, lo que se cumpla antes, y previa renovación del servicio.

** El acceso al CURSO MAD360 estará disponible desde abril de 2026 (algunos recursos podrían estar disponibles en fecha posterior). Tendrá una duración de 30 días RENOVABLES mediante pago, desde la validación de códigos, o hasta el 31 de octubre de 2027, lo que se cumpla antes.

MAD se reserva el derecho a ampliar dichas fechas.

# Cuerpo Especialistas de atención sociosanitaria, educación especial y cuidados auxiliares de enfermería (subgrupo C1) de la Generalitat Valenciana

# Escala Educación Especial

## Test del Temario

**FRANCISCO JESÚS TORRES FONSECA**
Licenciado en Derecho

**M.ª JOSÉ GARCÍA BERMEJO**
Licenciada en Biología
Técnico Especialista en Laboratorio

**MANUEL ALÉS REINA**
Diplomado Universitario en Enfermería

**CARMEN ROSA JUNQUERA VELASCO**
Diplomada Universitaria en Enfermería

**ROCÍO CLAVIJO GAMERO**
Licenciada en Psicología

**CONCEPCIÓN FERNÁNDEZ GONZÁLEZ**
Profesora de Educación General Básica
en Educación Especial

**LIDIA PONCE MARTÍNEZ**
Licenciada en Psicología

**JUAN MANUEL GIL RAMOS**
Licenciado en Medicina. Master en Salud Ambiental
Médico Puericultor

© 7 Editores Recursos para la Cualificación Profesional y el Empleo, S.L. (7 Editores)
© Los autores
Primera edición, marzo 2026 (184 páginas)
Derechos de edición reservados a favor de 7 Editores
IMPRESO EN ESPAÑA
Diseño Portada: 7 Editores
Edita: 7 Editores
Avda. San Francisco Javier, 9 · Edificio Sevilla 2 · Planta 11 · Módulos 25-27 · 41018 Sevilla
Teléfono: 954 784 411 · WEB: www.mad.es · e-mail: administracion@7editores.com
ISBN: 979-13-702-8750-4
© "Editorial Mad" y "Eduforma" son nombres comerciales registrados de
7 Editores Recursos para la Cualificación Profesional y el Empleo, S.L.

# Índice

## PARTE GENERAL

### A. CONSTITUCIÓN

### B. ORGANIZACIÓN DE LA COMUNITAT VALENCIANA

### C. DERECHO ADMINISTRATIVO

## D. FUNCIÓN PÚBLICA

## E. MATERIAS TRANSVERSALES

## PARTE ESPECIAL

# PARTE GENERAL

# A. Constitución

# TEST N.º 1

## La Constitución Española de 1978: Título Preliminar. Título I, De los Derechos y Deberes Fundamentales

**1. ¿En qué se fundamenta la Constitución Española?**

a) En un Estado social y democrático de Derecho.
b) En la indisoluble unidad de la Nación española.
c) En la independencia de los poderes del Estado.
d) En la organización territorial del Estado.

**2. Según el artículo 3 de la CE, el castellano es la lengua oficial del Estado y todos los Españoles:**

a) Tienen el deber de usar y el derecho de conocer el castellano.
b) Tienen el derecho y el deber de conocer el castellano.
c) Tienen el deber de conocer y el derecho de usar el castellano.
d) Tienen el derecho de conocer y usar el castellano.

**3. La Constitución Española reconoce y garantiza el derecho a la autonomía:**

a) De las nacionalidades que la integran.
b) De las regiones que la integran.
c) De las Comunidades Autónomas que la integran.
d) De las nacionalidades y regiones que la integran.

**4. El Preámbulo de la Constitución:**

a) Tiene en sí carácter de norma jurídica.
b) Es una declaración de intenciones, destinada a interpretar lo que se quiere alcanzar con el contenido normativo de la Constitución.
c) Se trata de un texto sin fuerza jurídica de obligar.
d) Las respuestas b) y c) son correctas.

**5. Señala la afirmación correcta, respecto de la aprobación, ratificación y publicación de la Constitución Española:**

a) Aprobada por las Cortes el 31 de octubre de 1978, ratificada por el pueblo en referéndum el 6 de diciembre de 1978 y publicada el 29 de diciembre de 1978.
b) Aprobada por las Cortes el 30 de octubre de 1978, ratificada por el pueblo en referéndum el 16 de diciembre de 1978 y publicada el 27 de diciembre de 1978.
c) Aprobada por las Cortes el 31 de octubre de 1978, ratificada por el pueblo en referéndum el 16 de diciembre de 1978 y publicada el 29 de diciembre de 1978.
d) Aprobada por las Cortes el 10 de octubre de 1978, ratificada por el pueblo en referéndum el 26 de diciembre de 1978 y publicada el 30 de diciembre de 1978.

**6. ¿En qué parte de la Carta Magna se establece la exposición de motivos que impulsan la norma constitucional y los objetivos que con ella se pretenden alcanzar?**

a) En el Título preliminar.
b) En el Preámbulo.
c) En el Título I.
d) En el Título II.

**7. La Constitución Española fue sancionada por:**

a) El Rey.
b) El Presidente del Congreso.
c) Las Cortes Generales.
d) El Presidente del Gobierno.

**8. ¿Cuáles de los siguientes españoles de origen pueden ser privados de su nacionalidad?**

a) Exclusivamente los miembros de grupos terroristas.
b) Los miembros de grupos terroristas y los que atenten contra el Rey u otro miembro de la Casa Real.
c) Los que atenten contra un miembro de la Familia Real o del Gobierno de la Nación.
d) Ningún español de origen podrá ser privado de su nacionalidad.

**9. Según la CE son fundamentos del orden político y la paz social:**

a) La dignidad de la persona, los derechos violables que les son inherentes y el respeto a la ley.
b) La dignidad de la persona, el desarrollo limitado de la personalidad y el respeto a la ley.
c) El respeto a la ley, a los reglamentos administrativos y demás disposiciones legales.
d) La dignidad de la persona, los derechos inviolables que le son inherentes, el libre desarrollo de su personalidad, el respeto a la ley y a los derechos de los demás.

**10. ¿Cuál de los siguientes es considerado por la CE como uno de los valores superiores del ordenamiento jurídico?**

a) La jerarquía normativa.
b) El pluralismo político.

c) La publicidad normativa.
d) La equidad.

**11. La forma política del Estado español es:**

a) Democracia parlamentaria.
b) Gobierno parlamentario.
c) Monarquía parlamentaria.
d) República democrática.

**12. La parte de la CE que regula la estructura de los principales órganos del Estado recibe el nombre de:**

a) Parte dogmática.
b) Parte orgánica.
c) Parte estatal.
d) Parte estructural.

**13. Según la CE, la soberanía nacional:**

a) Corresponde a las Cortes Generales, al estar compuestas por los representantes del pueblo.
b) Corresponde al Rey.
c) Reside en el pueblo español.
d) Corresponde al Gobierno de la Nación elegido directamente por el pueblo.

**14. El derecho a la propiedad en nuestra Constitución es un Derecho:**

a) Inherente a la condición humana.
b) Absoluto.
c) Limitado por la función social de la misma.
d) Ninguna de las respuestas anteriores es correcta.

**15. ¿En qué parte de la Carta Magna se señalan los valores superiores del ordenamiento jurídico?**

a) En el Preámbulo.
b) En el Título Preliminar.
c) En el Título I.
d) Ninguna respuesta es correcta.

En MADTEST tienes **más preguntas de este tema**, y todos tus avances quedan registrados y se reflejan en el ranking.

**¡Supera tus límites con MADTEST!**

# Solución al test n.º 1

**1.** b) En la indisoluble unidad de la Nación española.

**2.** c) Tienen el deber de conocer y el derecho de usar el castellano.

**3.** d) De las nacionalidades y regiones que la integran.

**4.** d) Las respuestas b) y c) son correctas.

**5.** a) Aprobada por las Cortes el 31 de octubre de 1978, ratificada por el pueblo en referéndum el 6 de diciembre de 1978 y publicada el 29 de diciembre de 1978.

**6.** b) En el Preámbulo.

**7.** a) El Rey.

**8.** d) Ningún español de origen podrá ser privado de su nacionalidad.

**9.** d) La dignidad de la persona, los derechos inviolables que le son inherentes, el libre desarrollo de su personalidad, el respeto a la ley y a los derechos de los demás.

**10.** b) El pluralismo político.

**11.** c) Monarquía parlamentaria.

**12.** b) Parte orgánica.

**13.** c) Reside en el pueblo español.

**14.** c) Limitado por la función social de la misma.

**15.** b) En el Título Preliminar.

# TEST N.º 2

## La Constitución Española de 1978: Título IV, Del Gobierno y la Administración; Título V, De las relaciones entre el Gobierno y las Cortes Generales

**1. Según exige la Constitución Española, el Congreso de los Diputados otorga su confianza al candidato a la Presidencia del Gobierno:**

a) Por mayoría especial de 3/5 de sus miembros.
b) Por mayoría cualificada de 2/3 de sus miembros.
c) Por mayoría absoluta de sus miembros.
d) Por mayoría simple de sus miembros.

**2. El Rey propone al candidato a la Presidencia del Gobierno:**

a) Mediante Real Decreto.
b) A través del Presidente del Gobierno saliente.
c) A través del Presidente del Congreso.
d) Ninguna respuesta es correcta.

**3. La acusación de traición al Presidente y demás miembros del Gobierno en el ejercicio de sus funciones, puede ser planteada por:**

a) Cualquier ciudadano mediante la acción popular.
b) Las Cortes Generales.
c) La cuarta parte de los miembros del Congreso de los Diputados.
d) El Rey.

**4. Los miembros del Gobierno de la Nación serán nombrados por:**

a) El Presidente del Gobierno.
b) El Rey, a propuesta del Presidente del Gobierno.
c) El Presidente del Congreso.
d) La mayoría simple de los Diputados.

**5. El Presidente del Gobierno es elegido por:**

a) Las Cortes.
b) El Congreso de los Diputados.
c) El Rey.
d) Directamente por los electores.

**6. El Gobierno español es un órgano:**

a) Presidencialista.
b) Colegiado.
c) Unipersonal.
d) Cameralista.

**7. Según la Constitución, la Administración Pública ha de actuar de acuerdo con los principios de:**

a) Descentralización y desconcentración.
b) Unidad y variedad.
c) Coordinación y tutela.
d) Jerarquía y delegación.

**8. El control de la potestad reglamentaria del Gobierno corresponde:**

a) Al Congreso.
b) Al Senado.
c) Al Tribunal de Cuentas.
d) A los Tribunales según la materia.

**9. La prerrogativa real de gracia no será aplicable a:**

a) Los Ministros.
b) Los Secretarios de Estado.
c) Los Subsecretarios.
d) Podrá aplicarse a todos los anteriores.

**10. Según la Constitución, ¿cuál de los siguientes órganos dirige la defensa del Estado?**

a) El Rey.
b) La Junta de Defensa Nacional.
c) El Ministerio de Defensa.
d) El Gobierno.

**11. El debate para la elección de Presidente del Gobierno se denomina:**

a) Moción.
b) Elección.
c) Investidura.
d) Propuesta.

**12. ¿Cuál de las siguientes afirmaciones es correcta?**

a) Los Ministros sin cartera tienen menos rango administrativo y político que el resto de los Ministros.
b) Todos los Ministros tienen idéntico rango político y administrativo.
c) Unos Ministros, denominados de Estado, tienen preferencia sobre los demás.
d) Los Ministros que cuentan con Secretarios de Estado tienen un nivel administrativo superior a los demás.

**13. ¿Cómo se nombran los Ministros?**

a) Por el Rey, a propuesta del Presidente del Gobierno, previo acuerdo del Consejo de Ministros.
b) Por el Rey, a propuesta del Presidente del Gobierno.
c) Por el Presidente del Gobierno, previo acuerdo del Consejo de Ministros.
d) Por el Rey, a propuesta del Presidente del Congreso.

**14. El Presidente del Gobierno es nombrado por:**

a) Las Cortes.
b) El Rey.
c) El Congreso de los Diputados.
d) El Senado.

**15. Al Vicepresidente del Gobierno lo nombra:**

a) El Presidente del Gobierno.
b) El Rey a propuesta del Presidente del Gobierno.
c) El Presidente del Congreso.
d) El Presidente del Tribunal Constitucional.

En MADTEST tienes **más preguntas de este tema**, y todos tus avances quedan registrados y se reflejan en el ranking.

**¡Supera tus límites con MADTEST!**

# Solución al test n.º 2

**1.** c) Por mayoría absoluta de sus miembros.

**2.** c) A través del Presidente del Congreso.

**3.** c) La cuarta parte de los miembros del Congreso de los Diputados.

**4.** b) El Rey, a propuesta del Presidente del Gobierno.

**5.** b) El Congreso de los Diputados.

**6.** b) Colegiado.

**7.** a) Descentralización y desconcentración.

**8.** d) A los Tribunales según la materia.

**9.** a) Los Ministros.

**10.** d) El Gobierno.

**11.** c) Investidura.

**12.** b) Todos los Ministros tienen idéntico rango político y administrativo.

**13.** b) Por el Rey, a propuesta del Presidente del Gobierno.

**14.** b) El Rey.

**15.** b) El Rey a propuesta del Presidente del Gobierno.

# B. Organización de la Comunitat Valenciana

## El Estatuto de Autonomía de la Comunitat Valenciana: Título I, La Comunitat Valenciana; Título II, De los derechos de los valencianos y valencianas; Título III, La Generalitat; Título IV, Las competencias

**1. Les Corts designarán los Senadores que le correspondan para representar la Comunitat Valenciana de conformidad:**

a) Con la Ley Electoral General Estatal.
b) Con el Reglamento de Les Corts.
c) Con la Ley de Designación de Senadores en representación de la Comunidad Autónoma.
d) Con la Ley Electoral Valenciana.

**2. La Ley Electoral Valenciana precisará, para su aprobación:**

a) 2/3 partes de Les Corts.
b) Mayoría absoluta de Les Corts.
c) 3/5 partes de Les Corts.
d) 2/5 partes de Les Corts.

**3. Las leyes de la Generalitat serán publicadas:**

a) En el Boletín Oficial del Estado, en las dos lenguas oficiales.
b) En el Diario Oficial de la Generalitat.
c) En el Boletín Oficial del Estado, en los quince días siguientes a su aprobación.
d) En el Diario Oficial de la Generalitat con carácter inmediato.

**4. ¿Cuál de las siguientes no es función de Les Corts?**

a) Exigir la responsabilidad política de un Conseller.
b) Controlar la acción del Consell.
c) Controlar parlamentariamente a la Administración que esté bajo la autoridad de la Generalitat.
d) Interponer recursos de inconstitucionalidad.

**5. ¿Cuál de las siguientes no es función de Les Corts?**

a) Crear comisiones especiales de investigación.
b) Nombrar al President de la Generalitat.
c) Aprobar las emisiones de deuda pública.
d) Solicitar al Gobierno del Estado la adopción de proyectos de ley.

**6. La iniciativa legislativa de Les Corts será ejercida por:**

a) Los grupos parlamentarios, exclusivamente.
b) Únicamente por los diputados y diputadas.
c) El Consell, los diputados y diputadas de Les Corts, y los grupos parlamentarios de Les Corts.
d) El Consell exclusivamente.

**7. El Reglamento de Les Corts:**

a) Es una norma de rango inferior a ley.
b) Es una norma de rango equivalente al Estatuto de Autonomía.
c) Es una norma administrativa.
d) Tiene rango de ley.

**8. El aforamiento de un Diputado o Diputada de Les Corts:**

a) Supone la inviolabilidad del mismo.
b) Se extiende a responsabilidad penal y civil.
c) Supone la inmunidad del mismo.
d) Supone que su responsabilidad penal o civil será exigida siempre ante el Tribunal Superior de Justicia de la Comunitat Valenciana.

**9. El President de la Generalitat podrá disolver Les Corts:**

a) En la forma que determine el Estatuto de Autonomía.
b) En la forma que determine la Ley del Consell.
c) En la forma que determine la Ley Electoral Valenciana.
d) En la forma que determine el Reglamento de Les Corts.

**10. Para que Les Corts celebren sesiones en lugar distinto a su sede oficial:**

a) Se precisará conformidad del Consell.
b) Se precisa decisión en tal sentido del Consell y de los órganos de gobierno de Les Corts.
c) Se necesita decisión en tal sentido del Presidente del Consell.
d) Se precisa decisión en tal sentido de los órganos de gobierno de Les Corts.

**11. Para determinados efectos, el mandato de los Diputados de Les Corts concluye:**

a) El día en que se convocan las elecciones.
b) El día en que se celebran las elecciones.
c) El día de antes al de celebración de las elecciones.
d) El día siguiente al que se convocan las elecciones.

**12. Las sesiones del Pleno de Les Corts:**

a) Tienen que ser públicas salvo en los supuestos en que la ley permita lo contrario.
b) Tienen que ser públicas.
c) Tienen que ser públicas salvo en los supuestos en que el Reglamento de Les Corts permita lo contrario.
d) Tienen que ser públicas salvo en las materias en que el Estatuto de Autonomía permite lo contrario.

**13. La denominación del Título III del Estatuto de Autonomía es:**

a) La Generalitat
b) Los órganos de la Generalitat.
c) El Gobierno de la Generalitat.
d) Instituciones de la Comunidad Valenciana.

**14. Según el Estatuto de Autonomía, ¿qué número de votos deberá haber obtenido el partido, federación, agrupación de electores o coalición que se hayan presentado a las elecciones para poder ser proclamados diputados electos de Les Corts?**

a) El 5 % de los votos de la Comunidad.
b) El 3 % de los votos de su circunscripción electoral.
c) El número de votos que determine la Ley Electoral Valenciana.
d) El 5 % de los votos de su circunscripción electoral.

**15. El Título III del Estatuto de Autonomía:**

a) No tiene Capítulos.
b) Tiene 5 Capítulos.
c) Tiene 3 Capítulos.
d) Tiene 7 Capítulos.

En MADTEST tienes **más preguntas de este tema,** y todos tus avances quedan registrados y se reflejan en el ranking.

**¡Supera tus límites con MADTEST!**

# Solución al test n.º 3

**1.** c) Con la Ley de Designación de Senadores en representación de la Comunidad Autónoma.

**2.** a) 2/3 partes de Les Corts.

**3.** b) En el Diario Oficial de la Generalitat.

**4.** a) Exigir la responsabilidad política de un Conseller.

**5.** b) Nombrar al President de la Generalitat.

**6.** c) El Consell, los diputados y diputadas de Les Corts, y los grupos parlamentarios de Les Corts.

**7.** d) Tiene rango de ley.

**8.** b) Se extiende a responsabilidad penal y civil.

**9.** b) En la forma que determine la Ley del Consell.

**10.** d) Se precisa decisión en tal sentido de los órganos de gobierno de Les Corts.

**11.** c) El día de antes al de celebración de las elecciones.

**12.** c) Tienen que ser públicas salvo en los supuestos en que el Reglamento de Les Corts permita lo contrario.

**13.** a) La Generalitat

**14.** c) El número de votos que determine la Ley Electoral Valenciana.

**15.** d) Tiene 7 Capítulos.

# TEST N.º 4

**La Ley 5/1983, de 30 de diciembre, del Consell: Título I, Del President de la Generalitat; Título II, Del Consell: Capítulo I, Composición; Capítulo II, las atribuciones; Capítulo III, Del funcionamiento; Capítulo VI, La iniciativa legislativa, los Decretos Legislativos y la potestad reglamentaria del Consell; Título III, Relaciones entre el Consell y Les Corts**

**1. La creación de las Secretarías Autonómicas se realizará por:**

a) El President de la Generalitat.
b) El Consell.
c) El Consell a propuesta del President de la Generalitat.
d) El President de la Generalitat a propuesta del Consell.

**2. En el funcionamiento del Consell, según la Ley del Consell, prima:**

a) Su dirección administrativa.
b) Su dirección presidencial.
c) Su funcionamiento administrativo.
d) Sus decisiones colegiadas.

**3. Que el President de la Generalitat tenga que ser miembro de Les Corts:**

a) Lo establece así únicamente el Estatuto de Autonomía.
b) Lo establece así la CE (Constitución española) y el EA (Estatuto de Autonomía).
c) Lo establece así únicamente el EA y la Ley del Consell.
d) Lo establece únicamente la Ley del Consell.

**4. ¿Cómo se realizará el debate del programa político de gobierno que proponga el candidato a la Presidencia de la Generalitat?**

a) Conforme determina el Estatuto de Autonomía.
b) Conforme determina concretamente la Ley del Consell.
c) Conforme determina concretamente la modificación última de la Ley del Consell.
d) Conforme el Reglamento de Les Corts.

**5. ¿Cuántas propuestas sucesivas puede realizar el Presidente de Les Corts a estas referente a la elección del President de la Generalitat?**

a) No más de tres.
b) No más de dos.
c) No se dispone limitación ni en el EA ni en la Ley del Consell.
d) Las que disponga el Reglamento de Les Corts, tal como dispone la Ley del Consell.

**6. La disolución de Les Corts por no haberse encontrado candidato a la Presidencia de la Generalitat será tomada:**

a) Por acuerdo.
b) Por real decreto.
c) Por decreto ley.
d) Por decreto.

**7. En el supuesto de disolución de Les Corts por no haberse encontrado candidato a la Presidencia de la Generalitat, la convocatoria de nuevas elecciones será hecha:**

a) Por el President de la Generalitat en funciones.
b) Por el Consell en funciones.
c) Por el Presidente de Les Corts.
d) Por la Mesa de Les Corts.

**8. ¿Cuál de las siguientes no es función del President de la Generalitat?**

a) Fijar orden del día de las reuniones del Consell.
b) Firmar los decretos del Consell.
c) Levantar actas de las sesiones del Consell.
d) Coordinar la ejecución de los acuerdos del Consell.

**9. Para que el President de la Generalitat pueda presentar ante Les Corts la cuestión de confianza, se precisará:**

a) Deliberación del Consell.
b) Autorización del Consell.
c) Votación favorable del Consell por mayoría absoluta.
d) Acuerdo del Consell.

**10. Los Consellers sin cartera:**

a) Tendrán adscrita la Secretaría Autonómica de la Presidencia.
b) Podrán no tener adscritas Secretarías Autonómicas.
c) No tendrán adscritas Secretarías Autonómicas.
d) Tendrán sus correspondientes Secretarías Autonómicas.

**11. ¿Cuál de las siguientes afirmaciones es cierta respecto a la elección por Les Corts del President de la Generalitat?**

a) Rechazada la propuesta del primer candidato, el Presidente de Les Corts retomará la ronda de consultas.

b) El Presidente de Les Corts retomará la ronda de consultas si han transcurrido dos meses de la presentación del primer candidato.

c) Para que el Presidente de Les Corts retome la ronda de consultas será preciso que hayan sido rechazados sucesivamente dos candidatos que él haya presentado.

d) El Presidente de Les Corts no está obligado a retomar la ronda de consultas.

**12. El Consell podrá retirar su proyecto de ley ante Les Corts:**

a) Siempre que estas no hayan tomado acuerdo final sobre el mismo.

b) Siempre que estas no hayan comenzado la votación sobre el mismo.

c) Siempre que estas no hayan comenzado la deliberación sobre el mismo.

d) En cualquier momento anterior a la publicación oficial del mismo.

**13. ¿Cuál de las siguientes afirmaciones es cierta respecto a lo dispuesto en la Ley del Consell?**

a) El plazo mínimo dispuesto para la votación de la cuestión de confianza es el idéntico al plazo que debe transcurrir como mínimo entre la primera y segunda votación de investidura.

b) El plazo mínimo dispuesto para la votación de la cuestión de confianza es inferior al plazo que debe transcurrir entre la primera y segunda votación de investidura.

c) El plazo mínimo dispuesto para la votación de la cuestión de confianza es el superior al plazo que debe transcurrir como mínimo entre la primera y segunda votación de investidura.

d) Todas son falsas.

**14. Los proyectos de ley sobre los que el Consell ha propuesto cuestión de confianza:**

a) Tendrán que ser aprobados por mayoría cualificada.

b) Serán aprobados por mayoría simple salvo que para su aprobación se requiera mayoría cualificada.

c) Tendrán que ser aprobados por mayoría absoluta.

d) Tendrán que ser aprobados por la mayoría que determine Les Corts.

**15. La emisión de deuda pública que realice el Consell estará supeditada:**

a) A que sea destinada a gastos de inversión.

b) A que esté facultada por ley estatal.

c) A que lo sea dentro de las materias financieras que determina el Estatuto de Autonomía.

d) Que lo sea en ejecución de una ley estatal.

En MADTEST tienes **más preguntas de este tema**, y todos tus avances quedan registrados y se reflejan en el ranking.

**¡Supera tus límites con MADTEST!**

# Solución al test n.º 4

**1.** a) El President de la Generalitat.

**2.** b) Su dirección presidencial.

**3.** b) Lo establece así la CE (Constitución española) y el EA (Estatuto de Autonomía).

**4.** d) Conforme el Reglamento de Les Corts.

**5.** c) No se dispone limitación ni en el EA ni en la Ley del Consell.

**6.** a) Por acuerdo.

**7.** a) Por el President de la Generalitat en funciones.

**8.** c) Levantar actas de las sesiones del Consell.

**9.** a) Deliberación del Consell.

**10.** b) Podrán no tener adscritas Secretarías Autonómicas.

**11.** d) El Presidente de Les Corts no está obligado a retomar la ronda de consultas.

**12.** a) Siempre que estas no hayan tomado acuerdo final sobre el mismo.

**13.** b) El plazo mínimo dispuesto para la votación de la cuestión de confianza es inferior al plazo que debe transcurrir entre la primera y segunda votación de investidura.

**14.** b) Serán aprobados por mayoría simple salvo que para su aprobación se requiera mayoría cualificada.

**15.** a) A que sea destinada a gastos de inversión.

## La Ley 5/1983, de 30 de diciembre, del Consell: Título II, Del Consell: Capítulo IV, De la Conselleria y de los Consellers; Capítulo V, Estatuto Personal de los Consellers; Título IV, De la Administración Pública de la Generalitat; Título V, De la responsabilidad de los miembros del Consell y de la Administración Pública de la Generalitat

**1. El procedimiento de determinación de la estructura orgánica superior del Consell y la designación de sus titulares, mediante la Ley del Consell:**

a) Se jerarquiza.
b) Se limita.
c) Se agiliza.
d) Se fiscaliza.

**2. A los Consellers les corresponden:**

a) El ejercicio de las facultades ordinarias de contratación administrativa dentro de los límites establecidos en las leyes presupuestarias.
b) El ejercicio de cualquier facultad en materia de contratación administrativa.
c) El ejercicio de la facultad en materia de contratación administrativa dentro de las competencias establecidas por el Consell.
d) El ejercicio de la facultad en materia de contratación administrativa siempre que le sea delegado por el Consell.

**3. Las funciones competentes de los Consellers:**

a) Les tendrán que ser atribuidas por ley.
b) Les podrán ser atribuidas reglamentariamente.
c) Les tendrán que ser atribuidas por ley o reglamentariamente.
d) Además de por ley o por reglamento, solo les podrán ser atribuidas por el President de la Generalitat.

**4. El Reglamento orgánico de cada Conselleria:**

a) Es aprobado por el Consell.
b) Es aprobado por el Conseller respectivo.

c) Es aprobado por el President de la Generalitat.

d) Puede ser aprobado por la Comisión Delegada del Gobierno que tenga competencias en la materia.

**5. La Presidencia de la Generalitat orgánicamente se desarrolla:**

a) Conforme especifica la Ley del Consell.

b) Conforme a su reglamento orgánico.

c) Conforme a las leyes de Les Corts que deben regularlo.

d) Conforme a sus propias disposiciones reglamentarias, siempre dentro de los límites fijados por la ley estatal.

**6. ¿Ante quién no pueden responder de su gestión los Secretarios Autonómicos?**

a) Ante el Conseller.

b) Ante el President de la Generalitat

c) Ante los Vicepresidentes del Consell.

d) Ante cualquiera de ellos.

**7. La adaptación de las normas de la Administración del Estado a la organización de la Generalitat Valenciana se hará conforme a las normas dictadas por:**

a) Les Corts.

b) Las Cortes Generales.

c) El Consell.

d)  Los órganos administrativos de la Generalitat.

**8. La adaptación anterior se realizará:**

a) Por medio de leyes de Les Corts.

b) Por medio de decreto del President de la Generalitat.

c) Mediante reglamentación del Consell.

d) Mediante decreto del President de la Generalitat.

**9. La ley del Consell:**

a) Permite la delegación de competencias delegadas en cualquier caso.

b) Permite en determinados supuestos la delegación de competencias delegadas.

c) Se remite en cuanto a la delegación de competencias delegadas a lo establecido en la Legislación General del Estado.

d) No permite, en ningún caso, la delegación de competencias delegadas.

**10. Las competencias propias del Consell:**

a) No son delegables.

b) Son delegables en determinados casos en las Comisiones Delegadas del Gobierno.

c) Son delegables en cualquier caso y órganos.
d) Son delegables en cualquier caso en las Comisiones Delegadas del Gobierno.

## 11. Las Secretarías Autonómicas:

a) Son de existencia facultativa.
b) Son de existencia probable.
c) Son de existencia general.
d) Son de existencia obligada.

## 12. Requerirán autorización previa del Conseller:

a) La delegación realizada por los órganos de nivel superior.
b) La delegación realizada por los órganos de nivel administrativo.
c) Cualquier delegación realizada en el seno de una Conselleria.
d) La delegación realizada en los órganos de nivel directivo y administrativo.

## 13. Los servicios periféricos lo son:

a) De las Consellerias.
b) De la Presidencia del Consell.
c) Del Consell.
d) De la Presidencia de la Generalitat Valenciana.

## 14. Los servicios periféricos son expresión del principio de:

a) Economía.
b) Control.
c) Desconcentración.
d) Descentralización.

## 15. Los servicios periféricos tienen competencia territorial en:

a) Todo el territorio provincial que asumen.
b) En toda la Comunidad Autónoma.
c) En el mismo territorio que asumen los servicios centrales.
d) En su propio ámbito territorial.

En MADTEST tienes **más preguntas de este tema**, y todos tus avances quedan registrados y se reflejan en el ranking.

**¡Supera tus límites con MADTEST!**

# Solución al test n.º 5

**1.** c) Se agiliza.

**2.** a) El ejercicio de las facultades ordinarias de contratación administrativa dentro de los límites establecidos en las leyes presupuestarias.

**3.** b) Les podrán ser atribuidas reglamentariamente.

**4.** a) Es aprobado por el Consell.

**5.** b) Conforme a su reglamento orgánico.

**6.** d) Ante cualquiera de ellos.

**7.** c) Del Consell.

**8.** c) Mediante reglamentación del Consell.

**9.** d) No permite, en ningún caso, la delegación de competencias delegadas.

**10.** d) Son delegables en cualquier caso en las Comisiones Delegadas del Gobierno.

**11.** a) Son de existencia facultativa.

**12.** b) La delegación realizada por los órganos de nivel administrativo.

**13.** a) De las Consellerias.

**14.** c) Desconcentración.

**15.** d) En su propio ámbito territorial.

# C. Derecho Administrativo

## La Ley 40/2015, de 1 de octubre, de régimen jurídico del sector público: Título preliminar: Capítulo I, Disposiciones generales. Capítulo II: Los órganos de las Administraciones Públicas

**1. De conformidad con el artículo 8 de la Ley 40/2015, de 1 de octubre, de Régimen Jurídico del Sector Público, la competencia para el dictado de actos administrativos:**

a) Es irrenunciable y siempre se ejercerá por los órganos administrativos que la tengan atribuida como propia.

b) Se puede delegar en todo caso.

c) Es irrenunciable y se ejercerá por los órganos administrativos que la tengan atribuida como propia, salvo los casos de delegación o avocación, en los términos previstos en la ley.

d) Es irrenunciable y se ejercerá por los órganos administrativos que la tengan atribuida como propia, salvo los casos de delegación de firma o suplencia, en los términos previstos en la ley.

**2. En ningún caso podrán ser objeto de delegación, tal y como dispone la Ley 40/2015, de 1 de octubre, competencias relativas a:**

a) La resolución de los recursos de alzada.

b) La adopción de disposiciones de carácter general.

c) Las resoluciones en materia de personal.

d) Las resoluciones de responsabilidad patrimonial.

**3. Según dispone el artículo 23 de la Ley 40/2015, de 1 de octubre, de Régimen Jurídico del Sector Público, es motivo de abstención:**

a) Tener interés personal en el asunto de que se trate o en otro en cuya resolución pudiera influir la de aquel, ser administrador de sociedad o entidad interesada, o tener cuestión litigiosa pendiente con algún interesado.

b) Tener parentesco de consanguinidad dentro del cuarto grado o de afinidad dentro del tercero, con cualquiera de los interesados, con los administradores de entidades o sociedades interesadas o con sus asesores o representantes legales.

c) Haber prestado servicios profesionales de cualquier tipo y en cualquier circunstancia o lugar en los cinco últimos años a persona natural interesada directamente en el asunto.

d) Haber prestado servicios profesionales de cualquier tipo y en cualquier circunstancia o lugar en los cinco últimos años a persona jurídica interesada directamente en el asunto.

**4. La recusación de acuerdo con el artículo 24 de la Ley 40/2015, de 1 de octubre, de Régimen Jurídico del Sector Público, la promueve:**

a) La autoridad.
b) El superior jerárquico de la autoridad o funcionario.
c) El interesado.
d) El funcionario.

**5. Según dispone el artículo 23 de la Ley 40/2015, de 1 de octubre, de Régimen Jurídico del Sector Público, NO es un motivo de abstención:**

a) Haber tenido intervención como perito en el procedimiento de que se trate.
b) Tener parentesco de afinidad dentro del segundo grado, con cualquiera de los interesados, con los administradores de entidades o sociedades interesadas y también con los asesores, representantes legales o mandatarios que intervengan en el procedimiento.
c) Tener parentesco de afinidad dentro del cuarto grado, con cualquiera de los interesados, con los administradores de entidades o sociedades interesadas y también con los asesores, representantes legales o mandatarios que intervengan en el procedimiento.
d) Haber tenido intervención como testigo en el procedimiento de que se trate.

**6. Según el artículo 9 de la Ley 40/2015, de 1 de octubre, de Régimen Jurídico del Sector Público, la delegación de competencias:**

a) Será revocable en cualquier momento por el órgano que la haya conferido.
b) Es irrevocable.
c) Será revocable solo por el Consejo de Gobierno.
d) Será revocable solo por el Consejo de Ministros.

**7. De acuerdo con el artículo 3 de la Ley 40/2015, de 1 de octubre, de Régimen Jurídico del Sector Público, ¿cuáles son los principios de actuación de las Administraciones Públicas?**

a) Jerarquía, cooperación, descentralización, desconcentración y colaboración.
b) Eficacia, desconcentración, jerarquía, descentralización y cooperación.
c) Coordinación, descentralización, jerarquía, eficacia y desconcentración.
d) Cooperación, jerarquía, descentralización, eficiencia y servicio a los ciudadanos.

**8. ¿Qué principios deberán respetar en su actuación las Administraciones Públicas, conforme al artículo 3 de la Ley 40/2015, de 1 de octubre, de Régimen Jurídico del Sector Público?**

a) Los de buena fe y confianza legítima.
b) Los de eficiencia y servicio a los ciudadanos.
c) Participación, objetividad y transparencia de la actuación administrativa.
d) Los de transparencia y participación.

**9. ¿Qué principios deberán respetar en sus relaciones las Administraciones Públicas?**

a) Buena fe, confianza legítima y lealtad institucional.
b) Los de eficiencia y servicio a los ciudadanos.
c) Los de transparencia y participación.
d) Los de cooperación y colaboración.

**10. Las Administraciones Públicas se relacionarán entre sí y con sus órganos, organismos públicos y entidades vinculados o dependientes, conforme al artículo 3.2 de la Ley 40/2015, de 1 de octubre, de Régimen Jurídico del Sector Público:**

a) A través de medios electrónicos.
b) A través de medios electrónicos, que aseguren la interoperabilidad y seguridad de los sistemas y soluciones adoptadas por cada una de ellas garantizando la protección de los datos de carácter personal, y facilitando preferentemente la prestación conjunta de servicios a los interesados.
c) Directamente y sin dilación garantizando la protección de los datos de carácter personal, y facilitarán preferentemente la prestación conjunta de servicios a los interesados.
d) Preferentemente a través de medios electrónicos, que aseguren la prestación conjunta de servicios a los interesados.

**11. ¿Cuál de las siguientes respuestas es correcta, de acuerdo con lo dispuesto en el artículo 3.4 de la Ley 40/2015, de 1 de octubre, de Régimen Jurídico del Sector Público?**

a) Cada Administración Pública actúa para el cumplimiento de sus fines con personalidad jurídica única.
b) Las Administraciones Públicas se configuran como órganos territoriales.
c) Las Administraciones Públicas están integradas por entes locales.
d) Cada Administración instrumental actúa para el cumplimiento de sus fines con personalidad jurídica única.

**12. Conforme a lo dispuesto en el artículo 5.3 de la Ley 40/2015, de 1 de octubre, de Régimen Jurídico del Sector Público, ¿qué requisito, de los siguientes, debe cumplirse para la creación de cualquier órgano administrativo?**

a) Determinar su forma de descentralización en la Administración Pública de que se trate.
b) Fijar los objetivos de interés común a cumplir.

c) La dotación de los créditos necesarios para su puesta en marcha y funcionamiento.

d) Deben cumplirse todos los requisitos anteriores.

**13. De acuerdo con lo dispuesto en el artículo 8.1 de la Ley 40/2015, de 1 de octubre, de Régimen Jurídico del Sector Público, ¿cómo es la competencia que ejerce un órgano administrativo que la tenga atribuida como propia?**

a) Es compartida con el órgano de superior jerarquía.

b) Es irrenunciable.

c) Es renunciable ante el órgano superior del mismo ente.

d) Es renunciable ante el órgano superior del mismo ente, a través de la técnica de la avocación.

**14. Señala la respuesta correcta. De acuerdo con lo dispuesto en el artículo 8 de la Ley 40/2015, de 1 de octubre, de Régimen Jurídico del Sector Público:**

a) Se pueden crear órganos que supongan duplicación de otros ya existentes.

b) La delegación de firma y la suplencia supone alteración de la titularidad de la competencia.

c) La encomienda de gestión supone alteración de la titularidad de la competencia.

d) Salvo los casos de avocación o delegación la competencia es irrenunciable.

**15. Señala la respuesta correcta. Según el artículo 9 de la Ley 40/2015, de 1 de octubre, de Régimen Jurídico del Sector Público:**

a) Los órganos de las diferentes Administraciones Públicas no podrán delegar el ejercicio de competencias que tengan atribuidas en otros órganos de la misma Administración, aun cuando no sean jerárquicamente dependientes.

b) No podrán ser objeto de delegación las competencias relativas a asuntos que se refieran a las relaciones con las Asambleas Legislativas de las Comunidades Autónomas.

c) Se podrán delegar las competencias relativas a asuntos que se refieran a las relaciones con las Cortes Generales.

d) Podrá ser objeto de delegación la resolución de recursos en los órganos administrativos que hayan dictado los actos objeto de recurso.

En MADTEST tienes **más preguntas de este tema**, y todos tus avances quedan registrados y se reflejan en el ranking.

**¡Supera tus límites con MADTEST!**

# Solución al test n.º 6

**1.** c) Es irrenunciable y se ejercerá por los órganos administrativos que la tengan atribuida como propia, salvo los casos de delegación o avocación, en los términos previstos en la ley.

**2.** b) La adopción de disposiciones de carácter general.

**3.** a) Tener interés personal en el asunto de que se trate o en otro en cuya resolución pudiera influir la de aquel, ser administrador de sociedad o entidad interesada, o tener cuestión litigiosa pendiente con algún interesado.

**4.** c) El interesado.

**5.** c) Tener parentesco de afinidad dentro del cuarto grado, con cualquiera de los interesados, con los administradores de entidades o sociedades interesadas y también con los asesores, representantes legales o mandatarios que intervengan en el procedimiento.

**6.** a) Será revocable en cualquier momento por el órgano que la haya conferido.

**7.** c) Coordinación, descentralización, jerarquía, eficacia y desconcentración.

**8.** c) Participación, objetividad y transparencia de la actuación administrativa.

**9.** a) Buena fe, confianza legítima y lealtad institucional.

**10.** b) A través de medios electrónicos, que aseguren la interoperabilidad y seguridad de los sistemas y soluciones adoptadas por cada una de ellas, garantizando la protección de los datos de carácter personal, y facilitando preferentemente la prestación conjunta de servicios a los interesados.

**11.** a) Cada Administración Pública actúa para el cumplimiento de sus fines con personalidad jurídica única.

**12.** c) La dotación de los créditos necesarios para su puesta en marcha y funcionamiento.

**13.** b) Es irrenunciable.

**14.** d) Salvo los casos de avocación o delegación la competencia es irrenunciable.

**15.** b) No podrán ser objeto de delegación las competencias relativas a asuntos que se refieran a las relaciones con las Asambleas Legislativas de las Comunidades Autónomas.

**La Ley 39/2015, de 1 de octubre, del procedimiento administrativo común de las Administraciones Públicas: Título Preliminar, Disposiciones generales; Título I, De los interesados en el procedimiento; Título II, De la actividad de las Administraciones Públicas; Título III, De los actos administrativos**

**1. ¿A qué capacidad se refiere el art. 3 de la Ley 39/2015, de 1 de diciembre, en relación con las personas físicas?**

a) A la capacidad jurídica.
b) A la capacidad para ser titular de derechos subjetivos.
c) A la capacidad para ser titular de deberes jurídicos.
d) A la capacidad de obrar.

**2. Los menores de edad, ¿tienen capacidad de obrar ante las Administraciones Públicas?**

a) Sí, en todo caso, para el ejercicio y defensa de aquellos de sus derechos e intereses cuya actuación esté permitida por el ordenamiento jurídico sin la asistencia de la persona que ejerza la patria potestad, tutela o curatela.
b) No, en ningún caso; únicamente tendrán capacidad de obrar ante las Administraciones Públicas, las personas físicas mayores de edad no incapacitadas.
c) Sí, para el ejercicio y defensa de aquellos de sus derechos e intereses cuya actuación esté permitida por el ordenamiento jurídico sin la asistencia de la persona que ejerza la patria potestad, tutela o curatela, aunque sean menores incapacitados, siempre que la extensión de la incapacitación no afecte al ejercicio y defensa de los derechos o intereses de que se trate.
d) Sí, excepto los menores incapacitados.

**3. Excepto el supuesto previsto por el artículo 3.b) de la Ley 39/2015, de 1 de octubre, los menores de edad no tienen capacidad de obrar ante las Administraciones Públicas, y necesitan de la asistencia de la persona que ejerza la patria potestad, tutela o curatela. En relación con la patria potestad, señala cuál de los siguientes enunciados es incorrecto:**

a) La patria potestad, como responsabilidad parental, se ejercerá siempre en interés de los hijos, de acuerdo con su personalidad, y con respeto a sus derechos, su integridad física y mental.
b) El ejercicio de la patria potestad comprende representar a sus hijos y administrar sus bienes.

c) Los hijos emancipados están bajo la patria potestad de los progenitores.

d) Si los hijos tuvieren suficiente madurez deberán ser oídos siempre antes de adoptar decisiones que les afecten.

### 4. ¿Quiénes de los siguientes están sujetos a tutela?

a) Los menores emancipados que estén bajo la patria potestad.

b) Los menores no emancipados que no estén bajo la patria potestad.

c) Los menores emancipados que no estén bajo la patria potestad.

d) Los hijos no emancipados.

### 5. ¿Cuál de las siguientes características se vincula con la institución de la curatela del menor a que hace referencia el art. 3.b) de la Ley 39/2015, de 1 de octubre?

a) El curador no cuida de la persona sujeta a curatela, sino de su patrimonio.

b) La función del curador es la de complementar la capacidad del menor en todos aquellos actos o negocios jurídicos que no puede realizar por sí mismo.

c) El curador tiene cura de la persona sujeta a curatela, pero no de su patrimonio.

d) El curador tiene cura de la persona sujeta a curatela y de su patrimonio.

### 6. Los patrimonios independientes o autónomos, ¿tienen capacidad de obrar ante las Administraciones Públicas?

a) Sí.

b) No.

c) Siempre que la ley así lo declare expresamente.

d) Los patrimonios independientes o autónomos tienen reconocida capacidad jurídica ante las Administraciones Públicas en aplicación del artículo 3 de la Ley 39/2015, de 1 de octubre.

### 7. Tendrán capacidad de obrar ante las Administraciones Públicas las personas jurídicas que ostenten capacidad de obrar con arreglo a las normas civiles. ¿En qué momento adquirirán esta capacidad?

a) Desde el instante mismo en que, con arreglo a derecho, hubiesen quedado válidamente constituidas.

b) Las personas jurídicas adquirirán su capacidad de obrar en los mismos términos que las personas físicas.

c) En el momento en que finalice su personalidad.

d) Las personas jurídicas no tienen capacidad de obrar ante las Administraciones Públicas sino capacidad jurídica.

### 8. En aplicación del art. 3 de la Ley 39/2015, de 1 de octubre, NO tendrán capacidad de obrar ante las Administraciones Públicas:

a) Las personas físicas incapacitadas.

b) Las personas jurídicas que ostenten capacidad de obrar con arreglo a las normas civiles.

c) Los menores de edad para el ejercicio y defensa de aquellos de sus derechos e intereses cuya actuación esté permitida por el ordenamiento jurídico sin la asistencia de la persona que ejerza la patria potestad, tutela o curatela.

d) Las asociaciones de interés público reconocidas por la ley.

**9. ¿Una persona declarada pródiga tiene capacidad de obrar plena ante las Administraciones Públicas?**

a) Sí; las personas físicas tienen capacidad de obrar ante las Administraciones Públicas.

b) No; puede estar sujeta a tutela.

c) No; puede estar sujeta a curatela.

d) No; está sujeta a la patria potestad de sus progenitores.

**10. La Ley 40/2015, de 1 de octubre, de régimen jurídico del sector público, ¿establece alguna regulación sobre la capacidad de obrar de los interesados ante las Administraciones Públicas?**

a) Sí, en su artículo 3.

b) Sí, en tanto la Ley 40/2015, de 1 de octubre, tiene por objeto regular el procedimiento administrativo común a todas las Administraciones Públicas.

c) No, en tanto la Ley 40/2015, de 1 de octubre, únicamente tiene por objeto regular los principios a los que se ha de ajustar el ejercicio de la iniciativa legislativa y la potestad reglamentaria.

d) No.

**11. Una persona que quiera participar en un proceso selectivo para cubrir plazas en una Administración Pública, ¿se considera interesada en el procedimiento administrativo?**

a) Sí, en aplicación del artículo 4.1.a) de la Ley 39/2015, de 1 de octubre.

b) Sí, en aplicación del artículo 4.1.b) de la Ley 39/2015, de 1 de octubre.

c) Sí, en aplicación del artículo 4.1.c) de la Ley 39/2015, de 1 de octubre.

d) No, en tanto el procedimiento lo ha promovido la Administración y no la persona interesada.

**12. En un procedimiento de expropiación forzosa, una persona reclama para sí la titularidad de una parcela que no está a su nombre; ¿tendrá la consideración de persona interesada en el procedimiento administrativo?**

a) Sí, en aplicación del artículo 4.1.a) de la Ley 39/2015, de 1 de octubre.

b) Sí, en aplicación del artículo 4.1.b) de la Ley 39/2015, de 1 de octubre.

c) Sí, en aplicación del artículo 4.1.c) de la Ley 39/2015, de 1 de octubre.

d) No, en tanto el procedimiento lo ha promovido la Administración y no la persona interesada.

**13. En un procedimiento de expropiación forzosa, el titular de un bien inmueble objeto de expropiación, ¿tendrá la consideración de interesado en el procedimiento administrativo?**

a) Sí, en aplicación del artículo 4.1.a) de la Ley 39/2015, de 1 de octubre.
b) Sí, en aplicación del artículo 4.1.b) de la Ley 39/2015, de 1 de octubre.
c) Sí, en aplicación del artículo 4.1.c) de la Ley 39/2015, de 1 de octubre.
d) Sí, en aplicación del artículo 4.2 de la Ley 39/2015, de 1 de octubre.

**14. ¿Qué interés se reconocería a los Colegios Profesionales para intervenir en el procedimiento de homologación de títulos obtenidos en el extranjero?**

a) Interés legítimo individual de cada uno de los profesionales que integran los Colegios Profesionales.
b) Derechos subjetivos de los poseedores de los títulos que van a ser objeto de homologación.
c) Intereses legítimos colectivos.
d) Intereses sociales.

**15. La titular de un establecimiento de restauración en Benidorm, quiere solicitar al Ayuntamiento una autorización para proceder a la ocupación de un espacio de uso público con mesas, sillas y sombrillas para su negocio. ¿Tendrá la consideración de interesada en el procedimiento administrativo de autorización?**

a) Sí, en aplicación del artículo 4.1.a) de la Ley 39/2015, de 1 de octubre.
b) Sí, en aplicación del artículo 4.1.b) de la Ley 39/2015, de 1 de octubre.
c) Sí, en aplicación del artículo 4.1.c) de la Ley 39/2015, de 1 de octubre.
d) Sí, en aplicación del artículo 4.2 de la Ley 39/2015, de 1 de octubre.

En MADTEST tienes **más preguntas de este tema**, y todos tus avances quedan registrados y se reflejan en el ranking.

**¡Supera tus límites con MADTEST!**

# Solución al test n.º 7

**1.** d) A la capacidad de obrar.

**2.** c) Sí, para el ejercicio y defensa de aquellos de sus derechos e intereses cuya actuación esté permitida por el ordenamiento jurídico sin la asistencia de la persona que ejerza la patria potestad, tutela o curatela, aunque sean menores incapacitados, siempre que la extensión de la incapacitación no afecte al ejercicio y defensa de los derechos o intereses de que se trate.

**3.** c) Los hijos emancipados están bajo la patria potestad de los progenitores.

**4.** b) Los menores no emancipados que no estén bajo la patria potestad.

**5.** b) La función del curador es la de complementar la capacidad del menor en todos aquellos actos o negocios jurídicos que no puede realizar por sí mismo.

**6.** c) Siempre que la ley así lo declare expresamente.

**7.** a) Desde el instante mismo en que, con arreglo a derecho, hubiesen quedado válidamente constituidas.

**8.** a) Las personas físicas incapacitadas.

**9.** c) No; puede estar sujeta a curatela.

**10.** d) No.

**11.** b) Sí, en aplicación del artículo 4.1.b) de la Ley 39/2015, de 1 de octubre.

**12.** c) Sí, en aplicación del artículo 4.1.c) de la Ley 39/2015, de 1 de octubre.

**13.** b) Sí, en aplicación del artículo 4.1.b) de la Ley 39/2015, de 1 de octubre.

**14.** c) Intereses legítimos colectivos.

**15.** a) Sí, en aplicación del artículo 4.1.a) de la Ley 39/2015, de 1 de octubre.

**La Ley 39/2015, de 1 de octubre, del procedimiento administrativo común de las Administraciones Públicas: Título IV, De las disposiciones sobre el procedimiento administrativo común**

**1. Los que tuvieren la condición de interesados en un procedimiento administrativo, podrán conocer del estado de la tramitación del mismo:**

a) En el trámite de audiencia.
b) En el trámite de información pública.
c) En cualquier momento
d) Solo cuando lo permita el instructor del procedimiento.

**2. Las medidas provisionales adoptadas antes de la iniciación del procedimiento administrativo, deberán ser confirmadas, modificadas o levantadas en el acuerdo de iniciación del procedimiento, que deberá efectuarse:**

a) Dentro de los quince días siguientes a su adopción, pudiendo ser recurrido.
b) Dentro de los veinte días siguientes a su adopción, pudiendo de ser recurrido.
c) Dentro de los diez días siguientes a su adopción, sin posibilidad de ser recurrido.
d) Dentro de los veinte días siguientes a su adopción, sin posibilidad de ser recurrido.

**3. Cuando el acuerdo de iniciación del procedimiento no contenga un pronunciamiento expreso acerca de las medidas provisionales previas, dichas medidas:**

a) Se mantendrán, hasta la fase de alegaciones.
b) Se mantendrán, salvo que haya recurso pendiente.
c) Se prorrogaran por quince días.
d) Quedarán sin efecto.

**4. Los procedimientos de naturaleza sancionadora se iniciarán:**

a) De oficio o a instancia de parte.
b) Siempre a instancia de parte.
c) Siempre de oficio.
d) En virtud de denuncia.

**5. Si la solicitud de iniciación del procedimiento administrativo no reúne los requisitos recogidos en la Ley 39/2015 u otros exigidos por la legislación específica aplicable:**

a) Se inadmitirá la solicitud presentada por el interesado.

b) Se le dará un plazo de cinco días para que vuelva a presentar la solicitud correctamente.

c) Se le dará un plazo de veinte días para que subsane la falta o acompañe los documentos preceptivos.

d) Se le dará un plazo de diez días para que subsane la falta o acompañe los documentos preceptivos.

**6. ¿Suspenderá la tramitación del procedimiento las cuestiones incidentales que se susciten en el mismo?**

a) No.

b) Sí.

c) No, salvo las que se refieran a la nulidad de actuaciones.

d) No, incluso las relativas a la recusación no se suspenderán.

**7. Señala cuál de las siguientes no podrá adoptarse como medidas provisionales en un procedimiento administrativo:**

a) Embargo preventivo de bienes.

b) Inmovilización de cosa mueble.

c) Retirada o intervención de bienes productivos.

d) Suspensión definitiva de actividades.

**8. El interesado en el procedimiento administrativo tiene derecho:**

a) A formular alegaciones y a utilizar los medios de defensa admitidos por el Ordenamiento Jurídico en cualquier fase del procedimiento.

b) A formular alegaciones, a utilizar los medios de defensa admitidos por el Ordenamiento Jurídico, y a aportar documentos en cualquier fase del procedimiento anterior al trámite de audiencia.

c) A formular alegaciones y a utilizar los medios de defensa admitidos por el Ordenamiento Jurídico en cualquier fase del procedimiento, pero solo podrá aportar documentos con posterioridad al trámite de audiencia.

d) A formular alegaciones y a utilizar los medios de defensa admitidos por el Ordenamiento Jurídico en cualquier fase del procedimiento anterior al dictado de la resolución por la que se pone fin al procedimiento.

**9. Contra el acuerdo de acumulación de procedimientos:**

a) Cabe recurso de revisión.

b) Cabe recurso extraordinario de revisión.

c) No cabe recurso alguno.

d) Cabe recurso de alzada.

**10. Los procedimientos administrativos que no tengan naturaleza sancionadora se podrán iniciar:**

a) Por acuerdo del órgano competente o a petición razonada de otros órganos.
b) Por acuerdo del órgano competente, bien por propia iniciativa o como consecuencia de orden superior, a petición razonada de otros órganos o por denuncia.
c) Por denuncia solamente.
d) De oficio siempre.

**11. Cuando el procedimiento se iniciara por una denuncia en la que se invocara un perjuicio en el patrimonio de las Administraciones Públicas:**

a) La no iniciación del procedimiento deberá ser motivada y se notificará a los denunciantes la decisión de si se ha iniciado o no el procedimiento.
b) La iniciación del procedimiento deberá ser motivada y no se notificará a los denunciantes, si el instructor lo considera oportuno.
c) La no iniciación del procedimiento quedará a la decisión del instructor, sin necesidad de motivarla, salvo a petición del denunciante.
d) La no iniciación del procedimiento nunca deberá ser motivada.

**12. Los interesados podrán solicitar el inicio de un procedimiento de responsabilidad patrimonial:**

a) Siempre.
b) Dentro de los cuatro años siguientes a aquel en que se produjo el acto que motiva la indemnización.
c) Si así se dispone por sentencia.
d) Cuando no haya prescrito su derecho a reclamar.

**13. El plazo de subsanación de la solicitud de iniciación del procedimiento podrá ampliarse prudencialmente, cuando la aportación de los documentos requeridos presente dificultades especiales:**

a) Hasta cinco días.
b) Hasta diez días.
c) Hasta quince días.
d) Siempre por diez días más.

**14. En los procedimientos de naturaleza sancionadora, ¿cuál de los siguientes no es un derecho de los presuntos responsables?**

a) A ser notificado de la identidad del instructor.
b) A saber quién es la autoridad competente para imponer la sanción.
c) A ser informado de sus derechos procesales penales.
d) A ser notificado de los hechos que se le imputen.

**15. ¿Hay presunción de existencia de responsabilidad administrativa mientras no se demuestre lo contrario?**

a) Sí, salvo excepciones.
b) Nunca.
c) Solo en los procedimientos de naturaleza sancionadora.
d) Siempre.

En MADTEST tienes **más preguntas de este tema**, y todos tus avances quedan registrados y se reflejan en el ranking.

**¡Supera tus límites con MADTEST!**

# Solución al test n.º 8

**1.** c) En cualquier momento.

**2.** a) Dentro de los quince días siguientes a su adopción, pudiendo ser recurrido.

**3.** d) Quedarán sin efecto.

**4.** c) Siempre de oficio.

**5.** d) Se le dará un plazo de diez días para que subsane la falta o acompañe los documentos preceptivos.

**6.** a) No.

**7.** d) Suspensión definitiva de actividades.

**8.** b) A formular alegaciones, a utilizar los medios de defensa admitidos por el Ordenamiento Jurídico, y a aportar documentos en cualquier fase del procedimiento anterior al trámite de audiencia.

**9.** c) No cabe recurso alguno.

**10.** b) Por acuerdo del órgano competente, bien por propia iniciativa o como consecuencia de orden superior, a petición razonada de otros órganos o por denuncia.

**11.** a) La no iniciación del procedimiento deberá ser motivada y se notificará a los denunciantes la decisión de si se ha iniciado o no el procedimiento.

**12.** d) Cuando no haya prescrito su derecho a reclamar.

**13.** a) Hasta cinco días.

**14.** c) A ser informado de sus derechos procesales penales.

**15.** b) Nunca.

# D. Función Pública

**La Ley 4/2021, de 16 de abril, de la Función Pública Valenciana: Título I, Objeto, principios y ámbito de aplicación de la Ley; Título III, Personal al servicio de las Administraciones Públicas; Título V, Nacimiento y extinción de la relación de servicio; Título VI, Derechos, deberes e incompatibilidades del personal empleado público**

**1. Según el artículo 2 de la Ley 4/2021, uno de los principios informadores de esta ley es la objetividad, profesionalidad, transparencia, integridad, imparcialidad y:**

a) Austeridad.
b) Jerarquía.
c) Coordinación.
d) Participación.

**2. Sin perjuicio de que puedan dictarse disposiciones reglamentarias específicas para adecuarla a las peculiaridades propias del sector, la Ley 4/2021 se aplicará:**

a) Al personal investigador al servicio de la Generalitat.
b) Al personal funcionario o laboral empleado público gestionado por la conselleria competente en materia de sanidad.
c) Al personal al servicio de las Corts Valencianes.
d) Los consorcios adscritos a la Generalitat.

**3. ¿Cuáles son los dos tipos de funcionarios que contempla la Ley 4/2021, de 16 de abril, de la Función Pública Valenciana?**

a) Fijos y temporales.
b) Civiles y militares.
c) De carrera e interinos.
d) Profesionales y de prácticas.

**4. Según el artículo 18 de la Ley 4/2021, una de las circunstancias que puede dar lugar al nombramiento de personal interino es:**

a) La existencia de puestos de trabajo vacantes cuando no sea posible su cobertura por personal funcionario de carrera, por un máximo de dos años.

b) La sustitución transitoria de la persona titular de un puesto de trabajo, durante un máximo de seis meses.

c) La ejecución de programas de carácter temporal, con una duración, en ningún caso, superior a dos años.

d) El exceso o acumulación de tareas, de carácter excepcional y circunstancial, por un plazo máximo de nueve meses dentro de un período de dieciocho meses.

**5. Los funcionarios interinos serán nombrados por razones expresamente justificadas de necesidad y:**

a) Economía.

b) Eficacia.

c) Urgencia.

d) Calidad.

**6. El personal laboral al servicio de la Administración de la Generalitat Valenciana no puede desempeñar puestos:**

a) Correspondientes a áreas de actividades que requieran conocimientos técnicos especializados.

b) En el extranjero con funciones administrativas de trámite y colaboración y auxiliares, aunque comporten manejo de máquinas, archivo y similares.

c) Cuyas actividades sean propias de oficios.

d) Que impliquen la participación directa o indirecta en la salvaguardia de los intereses generales del Estado y de las Administraciones Públicas.

**7. En relación al personal eventual al servicio de la Generalitat Valenciana, es cierto que:**

a) La prestación de servicios como personal eventual constituirá mérito para el acceso al empleo público.

b) El personal eventual puede realizar actividades ordinarias de gestión o de carácter técnico.

c) Realiza con carácter permanente funciones expresamente calificadas como de confianza o asesoramiento especial.

d) Cesará automáticamente cuando cese la autoridad a la que presta su función asesora o de confianza.

**8. El número de puestos en la Administración de la Generalitat Valenciana cubiertos por personal eventual:**

a) Es indefinido e ilimitado.
b) Está limitado por un máximo establecido por el Consell.
c) Está limitado a tres por cada órgano superior de la Administración Pública.
d) No puede hacerse público, puesto que se trata de personal de confianza.

**9. En relación al acceso de personal funcionario de carrera a la Dirección Pública Profesional en la Administración de la Generalitat, es cierto que:**

a) Solo podrán acceder quienes pertenezcan a cualquiera de los cuerpos o escalas del Grupo A.
b) Es necesario tener una antigüedad en el Grupo A de al menos 10 años.
c) Es imprescindible ser personal funcionario de carrera de la Administración de la Generalitat.
d) Se requiere tener reconocido, al menos, un nivel competencial 24 y el grado de desarrollo profesional II.

**10. No es cierto que, la relación de puestos de trabajo específica de la Dirección Pública Profesional:**

a) Se incluirá en la misma relación con la totalidad de puestos de trabajo de naturaleza funcionarial, laboral y eventual.
b) Tendrá carácter público.
c) Será publicada en el Diari Oficial de la Generalitat Valenciana.
d) No es materia obligatoria de negociación colectiva.

**11. Según el artículo 25 de la Ley 4/2021, el procedimiento de nombramiento del personal directivo público profesional atenderá a los principios de publicidad, mérito y capacidad, así como al de:**

a) Transparencia.
b) Idoneidad.
c) Economía.
d) Participación.

**12. Respecto a las condiciones de empleo del personal directivo público profesional de la Generalitat Valenciana, es cierto que:**

a) Tendrá la consideración de alto cargo.
b) El cese en los puestos que integran la dirección pública profesional tendrá carácter discrecional, con derecho a indemnización.

c) Las retribuciones del personal que desempeñe puestos que integran la Dirección Pública Profesional tendrán una parte fija, en los mismos términos y condiciones que las previstas para el personal funcionario de carrera, y un complemento de actividad profesional.

d) La determinación de las condiciones de empleo del personal directivo público profesional será fijada por el Consell, no teniendo la consideración de materia obligatoria objeto de negociación colectiva.

**13. Según el artículo 60.2 de la Ley 4/2021, en los procedimientos de selección de personal, todos los programas de materias deberán incluir contenidos sobre:**

a) La protección de datos de carácter personal.
b) La prevención y erradicación de la violencia de género.
c) El principio de igualdad efectiva de mujeres y hombres en los diversos ámbitos de la función pública.
d) La transparencia de la actividad pública.

**14. ¿Cuál es la edad mínima para poder participar en los procesos selectivos de acceso al empleo público de la Administración de la Generalitat Valenciana?**

a) 14 años.
b) 16 años.
c) 17 años.
d) 18 años.

**15. El artículo 64 de la Ley 4/2021, establece que, en todas las ofertas de empleo público se reservará un cupo de las vacantes para ser cubiertas entre personas con discapacidad o diversidad funcional, no inferior al:**

a) 3% de las vacantes.
b) 5% de las vacantes.
c) 7% de las vacantes.
d) 10% de las vacantes.

En MADTEST tienes **más preguntas de este tema**, y todos tus avances quedan registrados y se reflejan en el ranking.

**¡Supera tus límites con MADTEST!**

# Solución al test n.º 9

**1.** a) Austeridad.

**2.** b) Al personal funcionario o laboral empleado público gestionado por la conselleria competente en materia de sanidad.

**3.** c) De carrera e interinos.

**4.** d) El exceso o acumulación de tareas, de carácter excepcional y circunstancial, por un plazo máximo de nueve meses dentro de un período de dieciocho meses.

**5.** c) Urgencia.

**6.** d) Que impliquen la participación directa o indirecta en la salvaguardia de los intereses generales del Estado y de las Administraciones Públicas.

**7.** d) Cesará automáticamente cuando cese la autoridad a la que presta su función asesora o de confianza.

**8.** b) Está limitado por un máximo establecido por el Consell.

**9.** d) Se requiere tener reconocido, al menos, un nivel competencial 24 y el grado de desarrollo profesional II.

**10.** a) Se incluirá en la misma relación con la totalidad de puestos de trabajo de naturaleza funcionarial, laboral y eventual.

**11.** a) Transparencia.

**12.** d) La determinación de las condiciones de empleo del personal directivo público profesional será fijada por el Consell, no teniendo la consideración de materia obligatoria objeto de negociación colectiva.

**13.** c) El principio de igualdad efectiva de mujeres y hombres en los diversos ámbitos de la función pública.

**14.** b) 16 años.

**15.** d) 10% de las vacantes.

# TEST N.º 10

## El Decreto 42/2019, de 22 de marzo, del Consell, de regulación de las condiciones de trabajo del personal funcionario de la Administración de la Generalitat

**1. A efectos del Decreto 42/2019, de 22 de marzo, del Consell, de regulación de las condiciones de trabajo del personal funcionario de la Administración de la Generalitat, la relación de dependencia que implica convivencia se define como:**

a) Guarda legal o custodia.
b) Tener a su cargo.
c) Cuidado directo.
d) Relación de dependencia.

**2. El horario de permanencia obligatoria del personal podrá flexibilizarse en dos horas diarias a solicitud de las personas interesadas en el caso de ser padre o madre de familia monoparental, hasta el día en que cumpla el o la menor de los hijos o hijas:**

a) 12 años de edad.
b) 14 años de edad.
c) 15 años de edad.
d) 16 años de edad.

**3. La duración de la jornada del personal que desempeñe puestos de trabajo considerados de especial dedicación será de:**

a) Treinta y siete horas semanales.
b) Treinta y siete horas y treinta minutos semanales.
c) Treinta y cinco horas y treinta minutos semanales.
d) Treinta y cinco horas semanales.

**4. La jornada laboral general del personal que desempeñe puestos de trabajo con componente de desempeño del complemento de puesto de trabajo inferior a los establecidos para el personal que desempeñe puestos de trabajo considerados de especial dedicación será de:**

a) Treinta y siete horas semanales.
b) Treinta y siete horas y treinta minutos semanales.

c) Treinta y cinco horas y treinta minutos semanales.
d) Treinta y cinco horas semanales.

**5. En todo caso, entre el final de una jornada y el comienzo de la siguiente mediarán, como mínimo:**

a) Veinticuatro horas.
b) Dieciocho horas.
c) Quince horas.
d) Doce horas.

**6. Señala la respuesta correcta:**

a) El cómputo anual de la jornada se calculará descontando a las horas anuales equivalentes a 52 semanas y un día de trabajo 12 días de fiestas de ámbito superior.

b) El cómputo anual de la jornada se calculará descontando a las horas anuales equivalentes a 52 semanas y un día de trabajo 8 días por permiso por asuntos propios más los días compensatorios que puedan aprobarse, en su caso.

c) El cómputo anual de la jornada se calculará descontando a las horas anuales equivalentes a 52 semanas y un día de trabajo 3 días de fiestas locales.

d) El cómputo anual de la jornada se calculará descontando a las horas anuales equivalentes a 52 semanas y un día de trabajo 21 días hábiles de vacaciones.

**7. Durante la semana de fiestas locales correspondiente a cada emplazamiento, el horario de servicio de información administrativa general y registro de documentos que regirá será de:**

a) 08.00h a 14.00h, de lunes a viernes.
b) 09.00h a 15.00h, de lunes a viernes.
c) 09.00h a 14.00h, de lunes a viernes.
d) 09.30h a 14.30h, de lunes a viernes.

**8. Se tendrá derecho a la reducción de jornada hasta la mitad de la misma, con disminución proporcional de retribuciones por razones de guarda legal, cuando el personal tenga a su cargo:**

a) Algún niño o niña, persona que requiera especial dedicación, o persona con un grado de discapacidad física, psíquica o sensorial igual o superior al 33 % que no desempeñe actividad retribuida que supere el salario mínimo interprofesional.

b) Algún niño o niña de 12 años o menor, persona que requiera especial dedicación, o persona con un grado de discapacidad física, psíquica o sensorial igual o superior al 30 % que no desempeñe actividad retribuida que supere el salario mínimo interprofesional.

c) Algún niño o niña de 12 años o menor, persona mayor que requiera especial dedicación, o persona con un grado de discapacidad física, psíquica o sensorial igual o superior al 33 % que no desempeñe actividad retribuida que supere el salario mínimo interprofesional.

d) Algún niño o niña, persona mayor que requiera especial dedicación, o persona con un grado de discapacidad física, psíquica o sensorial igual o superior al 35 % que no desempeñe actividad retribuida que supere el salario mínimo interprofesional.

**9. El personal que ocupe puestos de trabajo con componente de desempeño del complemento de puesto de trabajo que comporten una jornada de 35 horas semanales, podrá solicitar una jornada reducida, continua e ininterrumpida de las 9 a las 14 horas, o las equivalentes si el puesto desempeñado está sujeto a turnos, percibiendo:**

a) Un 80 % del total de sus retribuciones.
b) Un 75 % del total de sus retribuciones.
c) Un 70 % del total de sus retribuciones.
d) Un 65 % del total de sus retribuciones.

**10. Se podrá solicitar reducción de jornada de una hora diaria sin disminución de retribuciones en el caso de guarda legal de niñas o niños de 12 años o menores, cuando concurra alguno de los siguientes supuestos:**

a) Que se trate de familia monoparental.
b) Que el menor requiera especial dedicación.
c) Que la niña o niño tenga 3 años o menos.
d) Todas las respuestas son correctas.

**11. Cuando el personal se reincorpore al servicio efectivo tras la finalización de un tratamiento oncológico podrá solicitar:**

a) Durante el plazo máximo de tres meses desde la fecha del alta médica, una reducción de hasta el 25 % de la jornada sin reducción de haberes.
b) Durante el plazo máximo de dos meses desde la fecha del alta médica, una reducción de hasta el 50 % de la jornada sin reducción de haberes.
c) Durante el plazo máximo de un mes desde la fecha del alta médica, una reducción de hasta el 30 % de la jornada sin reducción de haberes.
d) Durante el plazo máximo de un mes desde la fecha del alta médica, una reducción de hasta el 25 % de la jornada sin reducción de haberes.

**12. Sin perjuicio de su acreditación por cualquiera de los medios admitidos en Derecho, con carácter general la condición de familia monoparental se acreditará mediante:**

a) El libro o libros de familia.
b) El título correspondiente expedido por la Conselleria con competencias en la materia.
c) Certificación del Registro Civil.
d) Certificado de empadronamiento expedido por el ayuntamiento de residencia.

**13. Respecto a las reducciones de jornada, el personal deberá informar al órgano competente en materia de personal que se reincorporará a su jornada ordinaria con una antelación a la misma de:**

a) Un mes.
b) Veinte días.
c) Quince días.
d) Diez días.

**14. El personal cuyo centro de trabajo radique en la ciudad de Valencia o en aquellos otros municipios de la provincia donde se celebren fiestas de fallas quedará exento de la asistencia al trabajo el día:**

a) 19 de marzo.
b) 18 de marzo.
c) 15 de marzo.
d) 12 de marzo.

**15. El horario de trabajo durante la semana de fiestas de cada municipio de la Comunidad Valenciana en que radique el puesto de trabajo será de:**

a) 09.30 a 13.30 horas.
b) 09.30 a 14.00 horas.
c) 09.00 a 14.00 horas.
d) 09.00 a 13.30 horas.

En MADTEST tienes **más preguntas de este tema**, y todos tus avances quedan registrados y se reflejan en el ranking.

**¡Supera tus límites con MADTEST!**

# Solución al test n.º 10

**1.** c) Cuidado directo.

**2.** c) 15 años de edad.

**3.** b) Treinta y siete horas y treinta minutos semanales.

**4.** d) Treinta y cinco horas semanales.

**5.** d) Doce horas.

**6.** a) El cómputo anual de la jornada se calculará descontando a las horas anuales equivalentes a 52 semanas y un día de trabajo 12 días de fiestas de ámbito superior.

**7.** c) 09.00h a 14.00h, de lunes a viernes.

**8.** c) Algún niño o niña de 12 años o menor, persona mayor que requiera especial dedicación, o persona con un grado de discapacidad física, psíquica o sensorial igual o superior al 33 % que no desempeñe actividad retribuida que supere el salario mínimo interprofesional.

**9.** b) Un 75 % del total de sus retribuciones.

**10.** d) Todas las respuestas son correctas.

**11.** d) Durante el plazo máximo de un mes desde la fecha del alta médica, una reducción de hasta el 25 % de la jornada sin reducción de haberes.

**12.** b) El título correspondiente expedido por la Conselleria con competencias en la materia.

**13.** c) Quince días.

**14.** b) 18 de marzo.

**15.** c) 09.00 a 14.00 horas.

## La Ley 31/1995, de 8 de noviembre, de Prevención de Riesgos Laborales: Capítulo I, Objeto, ámbito de aplicación y definiciones; Capítulo III, Derechos y obligaciones

**1. La Ley 31/1995, de 8 de noviembre, de Prevención de Riesgos Laborales, será de aplicación a:**

a) A las Fuerzas Armadas y actividades militares de la Guardia Civil.
b) A los servicios de resguardo aduanero.
c) A los servicios operativos de protección civil y peritaje forense fuera de los casos de grave riesgo, catástrofe y calamidad pública.
d) A los servicios de policía y seguridad.

**2. Se entenderá como riesgo laboral grave e inminente aquel que resulte:**

a) Seguro racionalmente que se materialice en un futuro inmediato y pueda suponer un daño para la salud de los trabajadores.
b) Seguro racionalmente que se materialice en un futuro inmediato y pueda suponer un daño grave para la salud de los trabajadores.
c) Probable racionalmente que se materialice en un futuro inmediato y pueda suponer un daño grave para la salud de los trabajadores.
d) Probable racionalmente que se materialice en un futuro inmediato y pueda suponer un daño para la salud de los trabajadores.

**3. Aquellos procesos, actividades, operaciones, equipos o productos que, en ausencia de medidas preventivas específicas, originen riesgos para la seguridad y la salud de los trabajadores que los desarrollan o utilizan, son considerados por la Ley 31/1995, de 8 de noviembre, como:**

a) Sumamente peligrosos.
b) Peligrosos.
c) Altamente peligrosos.
d) Potencialmente peligrosos.

**4. Se considerarán como daños derivados del trabajo:**

a) Cualquier lesión que sufra el trabajador en su vida diaria.
b) Las enfermedades, patologías o lesiones sufridas con motivo u ocasión del trabajo.
c) Los accidentes y enfermedades que pueda sufrir un trabajador.
d) Las enfermedades profesionales y riesgos no laborales.

**5. ¿Qué artículo del Capítulo I de la Ley 31/1995, de 8 de noviembre, de prevención de Riesgos Laborales, regula su ámbito de aplicación?**

a) El artículo 1.
b) El artículo 2.
c) El artículo 3.
d) El artículo 4.

**6. Se entiende por riesgo laboral grave e inminente:**

a) Aquel que resulte probable racionalmente que se materialice en un futuro mediato y pueda suponer un daño grave para la salud de los trabajadores.
b) Aquel que resulte probable racionalmente que se materialice en un futuro inmediato y pueda suponer un daño grave para la salud de los trabajadores.
c) Aquel que resulte cierto racionalmente que se materialice en un futuro inmediato y pueda suponer un daño grave para la salud de los trabajadores.
d) Aquel que resulte probable racionalmente que se materialice en un futuro inmediato o pueda suponer un daño grave la salud de los trabajadores.

**7. Se entenderán como procesos, actividades, operaciones, equipos o productos potencialmente peligrosos aquellos que:**

a) Originen riesgos para la seguridad y la salud de los trabajadores que los desarrollan o utilizan, en ausencia de medidas preventivas específicas.
b) Originen riesgos para la seguridad y la salud de los trabajadores que los desarrollan o utilizan, en ausencia de medidas preventivas generales o específicas.
c) Originen riesgos para la seguridad y la salud de los trabajadores que los desarrollan o utilizan, aunque existan medidas preventivas generales.
d) Originen riesgos para la seguridad y la salud de los trabajadores que los desarrollan o utiliza, aunque existan medidas preventivas específicas.

**8. A efectos de la Ley 31/1995, de 8 de noviembre, de Prevención de Riesgos Laborales, es definido como el conjunto de actividades o medidas adoptadas o previstas en todas las fases de actividad de la empresa con el fin de evitar o disminuir los riesgos derivados del trabajo:**

a) Equipo de protección individual (EPI).
b) Condición de trabajo.

c) Prevención.
d) Equipo de trabajo.

**9. Se entiende como riesgo laboral a tenor de la Ley 31/1995, de 8 de noviembre, de Prevención de Riesgos Laborales:**

a) Cualquier equipo destinado a ser llevado o sujetado por el trabajador para que le proteja de uno o varios riesgos que puedan amenazar su seguridad o su salud en el trabajo, así como cualquier complemento o accesorio destinado a tal fin.
b) Cualquier máquina, aparato, instrumento o instalación utilizada en el trabajo y que provoque peligro para la vida del trabajador.
c) La posibilidad de que un trabajador sufra un determinado daño derivado del trabajo.
d) Las enfermedades, patologías o lesiones sufridas con motivo u ocasión del trabajo.

**10. Las disposiciones de carácter laboral contenidas en la Ley 31/1995, de 8 de noviembre y en sus normas reglamentarias tendrán en todo caso el carácter de Derecho necesario mínimo indisponible:**

a) Pudiendo ser mejoradas y desarrolladas en los convenios colectivos.
b) No pudiendo ser reguladas en los convenios colectivos.
c) Pudiendo ser modificadas en los convenios colectivos.
d) No pudiendo ser mejoradas o desarrolladas en los convenios colectivos.

**11. A tenor de la Ley de Prevención de Riesgos Laborales, se entenderá como «condición de trabajo» cualquier característica del mismo que pueda tener una influencia significativa en la generación de riesgos para la seguridad y la salud del trabajador. Queda excluida en esta definición:**

a) La naturaleza de los agentes físicos, químicos y biológicos presentes en el ambiente de trabajo y sus correspondientes intensidades, concentraciones o niveles de presencia.
b) Todas aquellas características del trabajo, incluidas las relativas a su organización y ordenación, que influyan en la magnitud de los riesgos a que esté expuesto el trabajador.
c) Las características particulares de los locales, instalaciones, equipos, productos y demás útiles existentes en el centro de trabajo.
d) Los procedimientos para la utilización de los agentes físicos, químicos y biológicos presentes en el ambiente de trabajo que influyan en la generación de los riesgos mencionados.

**12. La Ley 31/1995, de 8 de noviembre, de Prevención de Riesgos Laborales, define riesgo laboral como:**

a) La posibilidad de que un trabajador sufra un incidente en el trabajo.
b) La posibilidad de que un trabajador sufra una lesión corporal en el trabajo.
c) La posibilidad de que un trabajador sufra un accidente laboral en el trabajo.
d) La posibilidad de que un trabajador sufra un determinado daño derivado del trabajo.

**13. A los efectos de la Ley 31/1995, de 8 de noviembre, se entiende como riesgo laboral:**

a) La realización de procesos, actividades, operaciones que, en ausencia de medidas preventivas específicas, originen riesgos para la seguridad y la salud de los trabajadores.
b) La posibilidad de que un trabajador sufra un determinado daño derivado del trabajo.
c) Aquel que resulte probable racionalmente que se materialice en un futuro inmediato y pueda suponer un daño grave para la salud de los trabajadores.
d) Las enfermedades, patologías o lesiones sufridas con motivo u ocasión del trabajo.

**14. Para calificar un riesgo desde el punto de vista de su gravedad, se valorarán conjuntamente:**

a) La severidad del daño y las características de las condiciones de trabajo.
b) Las características de las condiciones de trabajo y la posibilidad de evitar el riesgo.
c) La probabilidad de que se produzca el daño y la severidad del mismo.
d) Que pueda suponer un daño grave para la salud de los trabajadores y la posibilidad de evitarlo.

**15. La regulación actual de la Ley de Prevención de Riesgos Laborales tiene por objeto:**

a) Promover la seguridad y la salud de los trabajadores.
b) Promover la seguridad y bienestar de los trabajadores.
c) Promover solo la seguridad de los trabajadores.
d) Promover solo la salud de los trabajadores.

En MADTEST tienes **más preguntas de este tema**, y todos tus avances quedan registrados y se reflejan en el ranking.

**¡Supera tus límites con MADTEST!**

# Solución al test n.º 11

**1.** c) A los servicios operativos de protección civil y peritaje forense fuera de los casos de grave riesgo, catástrofe y calamidad pública.

**2.** c) Probable racionalmente que se materialice en un futuro inmediato y pueda suponer un daño grave para la salud de los trabajadores.

**3.** d) Potencialmente peligrosos.

**4.** b) Las enfermedades, patologías o lesiones sufridas con motivo u ocasión del trabajo.

**5.** c) El artículo 3.

**6.** b) Aquel que resulte probable racionalmente que se materialice en un futuro inmediato y pueda suponer un daño grave para la salud de los trabajadores.

**7.** a) Originen riesgos para la seguridad y la salud de los trabajadores que los desarrollan o utilizan, en ausencia de medidas preventivas específicas.

**8.** c) Prevención.

**9.** c) La posibilidad de que un trabajador sufra un determinado daño derivado del trabajo.

**10.** a) Pudiendo ser mejoradas y desarrolladas en los convenios colectivos.

**11.** c) Las características particulares de los locales, instalaciones, equipos, productos y demás útiles existentes en el centro de trabajo.

**12.** d) La posibilidad de que un trabajador sufra un determinado daño derivado del trabajo.

**13.** b) La posibilidad de que un trabajador sufra un determinado daño derivado del trabajo.

**14.** c) La probabilidad de que se produzca el daño y la severidad del mismo.

**15.** a) Promover la seguridad y la salud de los trabajadores.

# E. Materias Transversales

**La Ley orgánica 3/2007, de 22 de marzo, para la igualdad efectiva de mujeres y hombres: Título Preliminar, Objeto y ámbito de la Ley; Título I, El principio de igualdad y la tutela contra la discriminación. La Ley 9/2003, de 2 de abril, de la Generalitat, para la igualdad de mujeres y hombres. Ley 4/2023, de 28 de febrero, para la igualdad real y efectiva de las personas trans y para la garantía de los derechos de las personas LGTBI: Deber de protección; Medidas en el ámbito administrativo. La Ley orgánica 1/2004, de 28 de diciembre, de medidas de protección integral contra la violencia de género: Título Preliminar**

**1.** ¿Qué artículo de la Constitución proclama que los españoles son iguales ante la ley, sin que pueda prevalecer discriminación alguna por razón de nacimiento, raza, sexo, religión, opinión o cualquier otra condición o circunstancia personal o social?

a) Artículo 9.
b) Artículo 11.
c) Artículo 14.
d) Artículo 18.

**2.** ¿Qué artículo de la Constitución Española consagra la igualdad de todos los españoles ante la ley?

a) El artículo 8.
b) El artículo 14.
c) El artículo 21.
d) El artículo 27.

**3.** Según el artículo 9.2: de la Constitución, "corresponde a los poderes públicos ............... las condiciones para que la libertad y la igualdad del individuo y de los grupos en que se integra sean reales y efectivas; ................. los obstáculos que impidan o dificulten su plenitud y ...................... la participación de todos los ciudadanos en la vida política, económica, cultural y social.". ¿Qué tres verbos faltan en la anterior frase?

a) Promover, remover y facilitar.
b) Impulsar, superar y posibilitar.

c) Crear, eliminar y alentar.
d) Facilitar, disminuir y promover.

**4. La ley que regula a nivel estatal la igualdad efectiva de mujeres y hombres, es:**

a) La Ley 3/2007, de 12 de marzo.
b) La Ley Orgánica 22/2007, de 3 de abril.
c) La Ley Orgánica 3/2007, de 22 de marzo.
d) El Decreto Legislativo 7/2003, de 23 de mayo.

**5. El objeto y el ámbito de aplicación de la Ley estatal para la Igualdad efectiva entre Mujeres y Hombres vienen recogidos en su:**

a) Disposición Final Primera.
b) Disposición Adicional Primera.
c) Título Primero.
d) Título Preliminar.

**6. Según su artículo 1, la LO 3/2007 tiene por objeto hacer efectivo el derecho de:**

a) Conciliación de la vida laboral y familiar de mujeres y hombres.
b) Igualdad de trato y de oportunidades entre mujeres y hombres.
c) Participación en los asuntos públicos en igualdad de condiciones.
d) No discriminación por razón de sexo.

**7. Las obligaciones establecidas en la LO 3/2007 son de aplicación a:**

a) A toda persona, física o jurídica, que se encuentre o actúe en territorio español, cualquiera que fuese su nacionalidad, domicilio o residencia.
b) A todos los ciudadanos españoles, ya sea en territorio español o territorio de cualquier país extranjero.
c) A toda persona, física o jurídica, que se encuentre o actúe en territorio español, con nacionalidad española.
d) A toda persona, física o jurídica, que resida en territorio español, cualquiera que fuese su nacionalidad.

**8. La LO 3/2007 entró en vigor el 24 de marzo de 2007, con una excepción que entró en vigor el 31 de diciembre de 2008:**

a) Lo previsto en el artículo 19 sobre la obligatoriedad de los proyectos de disposiciones de carácter general de incorporar un informe sobre su impacto por razón de género.
b) Lo previsto en el artículo 44.3, referente al reconocimiento a los padres del derecho a un permiso y una prestación por paternidad.

c) Lo previsto en el artículo 49, sobre la implantación de planes de igualdad en las pequeñas y medianas empresas.

d) Lo previsto en el artículo 71.2, referente a costes relacionados con el embarazo y el parto en contratos de seguros o servicios financieros.

**9. Según el texto literal del artículo 3 de la LO 3/2007, el principio de igualdad de trato entre mujeres y hombres no resulta aplicable a cualquier discriminación, directa o indirecta, por razón de sexo, y especialmente, las derivadas de**:

a) La maternidad.
b) La tendencia sexual.
c) La asunción de obligaciones familiares.
d) El estado civil.

**10. Según el artículo 4 de la LO 3/2007, la igualdad de trato y de oportunidades entre mujeres y hombres**:

a) Es un deber de las Administraciones Públicas.
b) Es una fuente formal del Derecho.
c) Es un principio informador del ordenamiento jurídico.
d) Es un objetivo fundamental del procedimiento administrativo.

**11. El principio de igualdad de trato y de oportunidades entre mujeres y hombres**:

a) Solo se aplica en el ámbito del empleo público.
b) Se garantizará incluso en el acceso al trabajo por cuenta propia.
c) No se aplica en la afiliación y participación en organizaciones sindicales o empresariales.
d) Se garantizará en los términos que prevean los convenios colectivos.

**12. La situación en que se encuentra una persona que sea, haya sido o pudiera ser tratada, en atención a su sexo, de manera menos favorable que otra en situación comparable se considera**:

a) Discriminación directa.
b) Acoso sexual.
c) Discriminación indirecta.
d) Violencia de género.

**13. Una diferencia de trato basada en una característica relacionada con el sexo, ¿constituye discriminación en el acceso al empleo?**

a) Sí, en todo caso.
b) No, siempre que la formación necesaria se base en dicha característica.

c) No, siempre que dicha característica constituya un requisito profesional esencial y determinante.

d) No, si debido a la naturaleza de las actividades profesionales concretas o al contexto en el que se lleven a cabo, dicha característica constituye un requisito profesional esencial y determinante, siempre y cuando el objetivo sea legítimo y el requisito proporcionado.

**14. En virtud del artículo 6.2 de la LO 3/2007, la situación en que una disposición, criterio o práctica aparentemente neutros pone a personas de un sexo en desventaja particular con respecto a personas del otro:**

a) En cualquier caso constituirá discriminación directa.

b) En cualquier caso constituirá discriminación indirecta.

c) No se considera discriminación indirecta si dicha disposición, criterio o práctica pueden justificarse objetivamente en atención a una finalidad legítima y los medios para alcanzar dicha finalidad son necesarios y adecuados.

d) En ningún caso podrá considerarse discriminación.

**15. Conforme al artículo 6.3 de la LO 3/2007, toda orden de discriminar por razón de sexo:**

a) Solo se considera discriminatoria si se ordena discriminar directamente.

b) En ningún caso se puede considerar discriminatoria.

c) Solo se considera discriminatoria si ordena una discriminación indirecta.

d) En cualquier caso se considera discriminatoria, sea directa o indirecta.

En MADTEST tienes **más preguntas de este tema**, y todos tus avances quedan registrados y se reflejan en el ranking.

**¡Supera tus límites con MADTEST!**

# Solución al test n.º 12

**1**. c) Artículo 14.

**2**. b) El artículo 14.

**3**. a) Promover, remover y facilitar.

**4**. c) La Ley Orgánica 3/2007, de 22 de marzo.

**5**. d) Título Preliminar.

**6**. b) Igualdad de trato y de oportunidades entre mujeres y hombres.

**7**. a) A toda persona, física o jurídica, que se encuentre o actúe en territorio español, cualquiera que fuese su nacionalidad, domicilio o residencia.

**8**. d) Lo previsto en el artículo 71.2, referente a costes relacionados con el embarazo y el parto en contratos de seguros o servicios financieros.

**9**. b) La tendencia sexual.

**10**. c) Es un principio informador del ordenamiento jurídico.

**11**. b) Se garantizará incluso en el acceso al trabajo por cuenta propia.

**12**. a) Discriminación directa.

**13**. d) No, si debido a la naturaleza de las actividades profesionales concretas o al contexto en el que se lleven a cabo, dicha característica constituye un requisito profesional esencial y determinante, siempre y cuando el objetivo sea legítimo y el requisito proporcionado.

**14**. c) No se considera discriminación indirecta si dicha disposición, criterio o práctica pueden justificarse objetivamente en atención a una finalidad legítima y los medios para alcanzar dicha finalidad son necesarios y adecuados.

**15**. d) En cualquier caso se considera discriminatoria, sea directa o indirecta.

# PARTE ESPECIAL

**Derechos de las personas con discapacidad y su inclusión social. Ley 11/2003, de 10 de abril, sobre el Estatuto de las personas con discapacidad. Ley 26/2011, de 1 de agosto, de adaptación normativa a la Convención Internacional sobre los Derechos de las Personas con Discapacidad. Real decreto legislativo 1/2013, de 29 de noviembre, por el cual se aprueba el texto refundido de la Ley general de derechos de las personas con discapacidad y de su inclusión social**

**1. El texto legal que regula los derechos de personas con discapacidad es:**

a) El Real Decreto Legislativo 11/2013, de 29 noviembre por el que se aprueba el Texto Refundido de la Ley General de derechos de las personas con discapacidad y de su inclusión social.
b) El Real Decreto Legislativo 1/2013, de 29 noviembre por el que se aprueba el Texto Refundido de la Ley General de derechos de las personas con discapacidad y de su inclusión social.
c) El Real Decreto Legislativo 111/2013, de 29 noviembre por el que se aprueba el Texto Refundido de la Ley General de derechos de las personas con discapacidad y de su inclusión social.
d) El Real Decreto Legislativo 110/2012, de 29 noviembre por el que se aprueba el Texto Refundido de la Ley General de derechos de las personas con discapacidad y de su inclusión social.

**2. ¿Cuál es la normativa, por la que se aprueba el Texto Refundido de la Ley General de Derechos de las Personas con Discapacidad y de su Inclusión Social?**

a) Ley 14/1986, de 25 de abril.
b) Real Decreto Legislativo 1/2013, de 29 de noviembre.
c) Ley 8/2013 de 9 de diciembre.
d) Ley 16/2013, de 19 de noviembre.

**3. ¿Cuál de las siguientes normativas queda derogada por la actual legislación sobre derechos de personas con discapacidad?**

a) La Ley 13/1982, de 7 de abril, de integración social de las personas con discapacidad.
b) La Ley 51/2003, de 2 de diciembre, de igualdad de oportunidades, no discriminación y accesibilidad universal de las personas con discapacidad.

c) La Ley 49/2007, de 26 de diciembre, por la que se establece el régimen de infracciones y sanciones en materia de igualdad de oportunidades, no discriminación y accesibilidad universal de las personas con discapacidad.

d) Todas las anteriores.

**4. En relación con los titulares de los derechos establecidos en el Real Decreto Legislativo 1/2013, de 29 noviembre por el que se aprueba el Texto Refundido de la Ley General de derechos de las personas con discapacidad y de su inclusión social, ¿cuál de los siguientes enunciados es incorrecto?**

a) Son personas con discapacidad aquellas que presentan dificultades físicas, mentales, intelectuales o sensoriales, previsiblemente permanentes que, al interactuar con diversas barreras, puedan impedir su participación plena y efectiva en la sociedad, en igualdad de condiciones con los demás.

b) El reconocimiento del grado de discapacidad deberá ser efectuado por el órgano competente en los términos desarrollados reglamentariamente.

c) Tendrán la consideración de personas con discapacidad aquellas a quienes se les haya reconocido un grado de discapacidad igual o superior al 33 %.

d) Los servicios, prestaciones y demás beneficios previstos en esta ley se otorgarán a los extranjeros de conformidad con lo previsto en la Ley Orgánica 4/2000, de 11 de enero, sobre derechos y libertades de los extranjeros en España y su integración social.

**5. ¿En qué artículo del Real Decreto Legislativo 1/2013, de 29 de noviembre afirma que las personas con discapacidad tienen derecho a una educación inclusiva, de calidad y gratuita, en igualdad de condiciones con las demás?**

a) 18.
b) 4.
c) 14.
d) 32.

**6. ¿Cuál de las siguientes no es una función de los equipos multiprofesionales de calificación y reconocimiento del grado de discapacidad?**

a) Emitir un dictamen técnico normalizado sobre las dificultades, las limitaciones para realizar actividades y las barreras en la participación social, recogiendo las capacidades y habilidades para las que la persona necesita apoyos.

b) La orientación para la habilitación y rehabilitación, con pleno respeto a la autonomía de la persona con discapacidad, proponiendo las necesidades, aptitudes y posibilidades de recuperación, así como el seguimiento y revisión.

c) La valoración y calificación de la situación de discapacidad, determinando el tipo y grado de discapacidad en relación con los beneficios, derechos económicos y servicios previstos en la legislación, sin perjuicio del reconocimiento del derecho que corresponda efectuar al órgano administrativo competente.

d) La participación y supervisión en los procesos de rehabilitación y ejercicio de los derechos y prestaciones reconocidas por la ley.

**7. Los procesos o cualquier otra medida de intervención dirigidos a que las personas con discapacidad adquieran su máximo nivel de desarrollo y autonomía personal, y a lograr y mantener su máxima independencia, capacidad física, mental y social, y su inclusión y participación plena en todos los aspectos de la vida, así como la obtención de un empleo adecuado, se denominan:**

a) Atención integral.
b) Impulso social.
c) Adquisición de autonomía.
d) Accesibilidad universal.

**8. Tienen como finalidad prevenir la aparición o la intensificación de discapacidades y de sus consecuencias, mediante actuaciones de promoción de condiciones de vida saludables, apoyo en el entorno y programas específicos de carácter preventivo. Nos referimos a:**

a) El servicio de apoyo familiar.
b) Los servicios de orientación e información.
c) Los servicios de atención domiciliaria.
d) Los servicios de prevención de dificultades y de intensificación de discapacidades y promoción de la autonomía personal.

**9. Cuando una disposición legal o reglamentaria, una cláusula convencional o contractual, un pacto individual o una decisión unilateral del empresario, aparentemente neutros, puedan ocasionar una desventaja particular a las personas con discapacidad respecto de otras personas, siempre que objetivamente no respondan a una finalidad legítima y que los medios para la consecución de esta finalidad no sean adecuados y necesarios, se está ejerciendo:**

a) Discriminación directa.
b) Discriminación indirecta.
c) Acoso.
d) Manipulación.

**10. El principio en virtud del cual las personas con discapacidad deben poder llevar una vida en igualdad de condiciones, accediendo a los mismos lugares, ámbitos, bienes y servicios que están a disposición de cualquier otra persona se llama:**

a) Previsión.
b) Facilitación.
c) Normalización.
d) Independencia.

**11. La conducta no deseada relacionada con la discapacidad de una persona, que tenga como objetivo o consecuencia atentar contra su dignidad o crear un entorno intimidatorio, hostil, degradante, humillante u ofensivo se considerará:**

a) Discriminación directa.
b) Discriminación indirecta.
c) Persecución.
d) Acoso.

**12. ¿Cuál fue la primera ley aprobada en España dirigida a regular la atención y los apoyos a las personas con discapacidad y sus familias, en el marco de los artículos 9, 10, 14 y 49 de la Constitución?**

a) Ley 14/1986, de 25 de abril.
b) Ley 13/1982, de 7 de abril.
c) Ley 8/2013 de 9 de diciembre.
d) Ley 16/2013, de 19 de noviembre.

**13. Tienen como objetivo promover la autonomía y la vida independiente de las personas con discapacidad a través de la convivencia, así como favorecer su inclusión social:**

a) Los servicios de vivienda.
b) Los servicios de atención domiciliaria.
c) Los servicios de orientación e información.
d) Los servicios de apoyo familiar.

**14. Las actividades deportivas, culturales, de ocio y tiempo libre se desarrollarán, siempre que sea posible, de acuerdo con el principio de:**

a) Facilitación.
b) Accesibilidad universal.
c) Normalización.
d) Independencia.

**15. Asegurar los servicios de terapia ocupacional y de ajuste personal y social a las personas con discapacidad es función de:**

a) Los centros ocupacionales.
b) Los centros de valoración.
c) Las clases de adaptación social.
d) Las asociaciones de usuarios.

En MADTEST tienes **más preguntas de este tema**, y todos tus avances quedan registrados y se reflejan en el ranking.

**¡Supera tus límites con MADTEST!**

# Solución al test n.º 1

**1**. b) El Real Decreto Legislativo 1/2013, de 29 noviembre por el que se aprueba el Texto Refundido de la Ley General de derechos de las personas con discapacidad y de su inclusión social.

**2**. b) Real Decreto Legislativo 1/2013, de 29 de noviembre.

**3**. d) Todas las anteriores.

**4**. c) Tendrán la consideración de personas con discapacidad aquellas a quienes se les haya reconocido un grado de discapacidad igual o superior al 33 %.

**5**. a) 18.

**6**. d) La participación y supervisión en los procesos de rehabilitación y ejercicio de los derechos y prestaciones reconocidas por la ley.

**7**. a) Atención integral.

**8**. d) Los servicios de prevención de dificultades y de intensificación de discapacidades y promoción de la autonomía personal.

**9**. b) Discriminación indirecta.

**10**. c) Normalización.

**11**. d) Acoso.

**12**. b) Ley 13/1982, de 7 de abril.

**13**. a) Los servicios de vivienda.

**14**. b) Accesibilidad universal.

**15**. a) Los centros ocupacionales.

**Los derechos de la infancia y la adolescencia. La protección integral de la infancia y la adolescencia en la Comunitat Valenciana. Ley 26/2018, de 21 de diciembre, de la Generalitat de derechos y garantías de la infancia y la adolescencia**

**1. ¿A qué personas son de aplicación la Ley 26/2018, de 21 de diciembre, de derechos y garantías de la infancia y la adolescencia y sus disposiciones normativas de desarrollo residan permanentemente o transitoriamente en la Comunitat Valenciana?**

a) A las personas de cinco a quince años.
b) A las personas de siete a dieciséis años.
c) A las personas de menos de dieciocho años.
d) A las personas de menos de veintiún años.

**2. ¿Qué Título de la Ley 26/2018, de la Comunitat Valenciana, trata de Políticas públicas de infancia y adolescencia?**

a) El Título I.
b) El Título II.
c) El Título III.
d) El Título IV.

**3. ¿Qué Capítulo del Título II de la Ley 26/2018, de la Comunitat Valenciana, trata de Derechos a la Salud?**

a) El Capítulo IV.
b) El Capítulo V.
c) El Capítulo VI.
d) El Capítulo VII.

**4. ¿Qué Título de la Ley 26/2018, de la Comunitat Valenciana, trata de Atención socioeducativa de personas menores de edad en conflicto con la ley?**

a) El I.
b) El II.

c) El III.
d) El IV.

**5. ¿De qué trata el Capítulo VII del Título III (Protección social y jurídica de la infancia y la adolescencia) de la Ley 26/2018, de la Comunitat Valenciana?**

a) Del acogimiento residencial.
b) De la adopción.
c) De las disposiciones comunes a la guarda y la tutela.
d) Del acogimiento familiar.

**6. ¿En qué normativa, de las que se nombran, no se reconocen los derechos de los menores de edad en las mismas?**

a) En la Constitución Española.
b) En la Convención de derechos de las personas con discapacidad.
c) En la Convención de derechos del niño de Naciones Unidas.
d) Se les reconocen en todas.

**7. ¿Qué derecho es el relacionado con el que poseen los niños, niñas y adolescentes a ser bien tratados y a ser protegidos contra cualquier forma de violencia que la Generalitat garantizará?**

a) Derecho al buen trato y protección de la integridad física y psíquica.
b) Derecho a la vida de los niños, niñas y adolescentes.
c) Derecho a la identidad y al nombre.
d) Son todos los anteriores.

**8. ¿Cómo se debe llevar a cabo la protección del menor de edad cuando la violencia se produzca en el propio entorno familiar, siempre que sea compatible con el interés superior de la persona protegida?**

a) Mediante el alejamiento de la persona maltratada y no mediante la salida de la maltratadora de su medio familiar.
b) Mediante el alejamiento de la víctima y su inclusión en pisos tutelados.
c) Mediante el alejamiento de la persona maltratadora y no mediante la salida de la víctima de su medio familiar.
d) Mediante el alejamiento de la víctima y su inclusión en otro medio familiar diferente al propio, con alejamiento de la persona maltratadora.

**9. ¿En qué normativa las administraciones públicas, en el ámbito de sus competencias, deben respetar y promover el derecho de toda persona menor de edad a ser oída y escuchada?**

a) Ley 26/2018.
b) Ley 38/2003.

c) Ley Orgánica 1/1996.
d) Ley 1/2011.

**10**. **¿Qué afirmación es incorrecta respecto al Derecho de las personas menores de edad a ser informadas, oídas y escuchadas?**

a) Las administraciones deben garantizar que es entendida y que la opinión de esta se tiene en cuenta.
b) Todo lo que contenga este derecho debe expresársele al menor en un lenguaje que sea adecuado y comprensible y adaptado a sus circunstancias.
c) La información relacionada con este derecho debe ser suficiente para permitirle tomar las decisiones de forma consciente y libre.
d) Las personas menores de edad no pueden no ejercer este derecho, aunque así lo decidan.

**11**. **Todo lo que se expone respecto al Derecho a la libertad de expresión y a la creación intelectual es cierto, excepto que**:

a) Las opiniones podrán expresarlas los menores libremente en los distintos ámbitos en los que se desarrolla su vida escolar, social y ciudadana.
b) Las administraciones públicas promoverán canales de participación adaptados y accesibles que faciliten la libre expresión de ideas y opiniones de niños, niñas y adolescentes.
c) Los niños, niñas y adolescentes gozarán en la Comunitat Valenciana del derecho a la creación literaria, artística, científica y técnica.
d) Los niños, niñas y adolescentes no gozarán directamente en la Comunitat Valenciana del reconocimiento y atribución de los derechos derivados del hecho de la creación, ya que este se les otorga a sus progenitores.

**12. ¿Qué derecho del menor no pertenecen o están dentro de los Derechos en el ámbito de las relaciones familiares?**

a) Derecho a mantener relación con sus ascendientes y sus hermanos y hermanas.
b) Derecho a crecer y vivir con las personas que son sus progenitores.
c) Derecho de reunión.
d) Todos los anteriores pertenecen a los Derechos en el ámbito de las relaciones familiares.

**13**. **¿Cómo se denomina el Servicio específico que presta temporalmente atención profesional especializada para facilitar que los niños, las niñas y los adolescentes puedan mantener relaciones con sus familiares o personas allegadas durante los procesos y las situaciones de separación, divorcio, protección de infancia y adolescencia u otros supuestos de interrupción de la convivencia familiar?**

a) Servicios sociales de menores.
b) Órgano de mediación interfamiliar.

c) Punto de encuentro familiar.
d) Unidad de terapia de conflictos intrafamiliares.

**14. ¿Qué atributo no posee la red de puntos de encuentra familiar, que atenderá tanto los casos derivados de un órgano judicial como los de un órgano administrativo, en la infancia y adolescencia?**

a) Es un recurso universal.
b) Es un recurso social.
c) Es un recurso individual.
d) Es un recurso específico.

**15. ¿Por qué aspectos debe estar determinada la actuación del punto de encuentro familiar?**

a) Por la necesidad de prevenir riesgos.
b) Por las dificultades para desarrollar las estancias, vistas o comunicaciones de forma autónoma.
c) Son ciertas las respuestas a) y b).
d) Son inciertas las respuestas a) y b).

En MADTEST tienes **más preguntas de este tema**, y todos tus avances quedan registrados y se reflejan en el ranking.

**¡Supera tus límites con MADTEST!**

# Solución al test n.º 2

**1**. c) A las personas de menos de dieciocho años.

**2**. a) El Título I.

**3**. c) El Capítulo VI.

**4**. d) El IV.

**5**. d) Del acogimiento familiar.

**6**. d) Se les reconocen en todas.

**7**. a) Derecho al buen trato y protección de la integridad física y psíquica.

**8**. c) Mediante el alejamiento de la persona maltratadora y no mediante la salida de la víctima de su medio familiar.

**9**. c) Ley Orgánica 1/1996.

**10**. d) Las personas menores de edad no pueden no ejercer este derecho, aunque así lo decidan.

**11**. d) Los niños, niñas y adolescentes no gozarán directamente en la Comunitat Valenciana del reconocimiento y atribución de los derechos derivados del hecho de la creación, ya que este se les otorga a sus progenitores.

**12**. c) Derecho de reunión.

**13**. c) Punto de encuentro familiar.

**14**. c) Es un recurso individual.

**15**. c) Son ciertas las respuestas a) y b).

**El sistema educativo. Ley orgánica 2/2006, de 3 de mayo, de educación. La organización y el funcionamiento de los centros educativos públicos de enseñanza no universitaria de la Comunitat Valenciana**

**1. ¿Qué ley educativa incorporó la educación secundaria a la formación básica y obligatoria?**

a) LOGSE.
b) LOMCE.
c) LOE.
d) LOCE.

**2. Indica qué afirmación sobre la LOMLOE es cierta:**

a) Sustituye a la LOE.
b) Plantea un enfoque transversal orientado a que todo el alumnado tenga garantías de éxito en la educación por medio de una dinámica de mejora continua de los centros educativos y una mayor personalización del aprendizaje.
c) Solo regula las enseñanzas obligatorias.
d) Todas son correctas.

**3. La flexibilidad del sistema educativo hace referencia a que:**

a) La educación se desarrolla en la infancia y la adolescencia.
b) La comunidad educativa participa en la organización, gobierno y funcionamiento de los centros docentes.
c) El fomento de la igualdad entre hombres y mujeres en el ámbito educativo.
d) La adecuación a la diversidad de aptitudes, intereses, expectativas y necesidades del alumnado, así como a los cambios que experimentan el alumnado y la sociedad.

**4. ¿Cuál de los siguientes enunciados es uno de los fines de la educación según la LOE?**

a) La capacitación para el ejercicio de actividades profesionales, de cuidados y de colaboración social.
b) La capacitación para la comunicación en la lengua oficial, lengua extranjera y lengua de signos.

c) Preparación para la participación en la vida en sociedad dejando a un lado el espíritu crítico.

d) Todas son correctas.

**5. ¿Qué etapas corresponden con la enseñanza obligatoria y gratuita?**

a) Infantil y primaria.

b) Primaria, ESO y los ciclos formativos de grado básico.

c) Infantil, primaria y ESO.

d) Infantil, primaria, ESO y bachillerato.

**6. ¿Qué título se obtiene al acabar la educación primaria con valoración positiva?**

a) Título de graduado en primaria.

b) Título de educación básica.

c) Título básico educativo.

d) No se obtiene ningún título.

**7. ¿Qué afirmación es cierta sobre la educación infantil?**

a) A partir del segundo ciclo tiene carácter obligatorio.

b) Comprende un solo ciclo que va desde el nacimiento a los seis años.

c) La cooperación con los padres en esta etapa es fundamental.

d) El objetivo principal es que al final de la etapa los niños hayan adquirido la lectura y la escritura.

**8. ¿Cuántos cursos abarca la educación primaria?**

a) 2.

b) 4.

c) 6.

d) 8.

**9. ¿En qué curso de la Educación Primaria se cursa el área de Educación en Valores cívicos y éticos?**

a) En alguno de los cursos del primer ciclo.

b) En alguno de los cursos del segundo ciclo.

c) En alguno de los cursos del tercer ciclo.

d) Educación en Valores cívicos y éticos es un área de ESO y no de Educación Primaria.

**10. La ESO se organiza en dos ciclos, abarcando el primero de ellos:**

a) Un curso.

b) Dos cursos.

c) Tres cursos.

d) Con la entrada en vigor de la LOMLOE, la ESO no se organiza en ciclos.

**11. Entre las materias que deberá cursar todo el alumnado de 4.º curso de ESO no figura:**

a) Lengua Castellana y Literatura.
b) Biología y Geología y/o Física y Química.
c) Filosofía.
d) Lengua Extranjera.

**12. El título de Graduado en Educación Secundaria Obligatoria permite acceder a:**

a) Bachillerato.
b) Formación Profesional de grado superior.
c) Los ciclos de grado medio de artes plásticas y diseño, sin que sea necesaria la realización de prueba específica.
d) Todas son correctas.

**13. Señala la afirmación correcta sobre el bachillerato:**

a) El bachillerato comprende cuatro cursos y se desarrolla en modalidades diferentes, organizadas de modo flexible, en distintas vías que serán el resultado de la libre elección por los alumnos de materias de modalidad y optativas.
b) Es una etapa obligatoria dentro del sistema educativo.
c) Para acceder a esta etapa es necesario estar en posesión del título de Graduado en Educación Secundaria Obligatoria.
d) Todas son correctas.

**14. La obtención del título de bachiller permite:**

a) La incorporación a la vida laboral.
b) La matriculación en la formación profesional de grado superior.
c) El acceso a los estudios superiores.
d) Todas son correctas.

**15. Señala la afirmación correcta sobre la formación profesional que se engloba en el sistema educativo:**

a) Está organizada en ciclos de grado básico, de grado medio y de grado superior.
b) Tiene una organización modular con una duración invariable de dos años.
c) Dado que el objetivo es el desarrollo de las competencias propias de cada título de formación profesional, los contenidos son únicamente prácticos.
d) Todas son correctas.

En MADTEST tienes **más preguntas de este tema**, y todos tus avances quedan registrados y se reflejan en el ranking.

**¡Supera tus límites con MADTEST!**

# Solución al test n.º 3

**1**. a) LOGSE.

**2**. b) Plantea un enfoque transversal orientado a que todo el alumnado tenga garantías de éxito en la educación por medio de una dinámica de mejora continua de los centros educativos y una mayor personalización del aprendizaje.

**3**. d) La adecuación a la diversidad de aptitudes, intereses, expectativas y necesidades del alumnado, así como a los cambios que experimentan el alumnado y la sociedad.

**4**. a) La capacitación para el ejercicio de actividades profesionales, de cuidados y de colaboración social.

**5**. b) Primaria, ESO y los ciclos formativos de grado básico.

**6**. d) No se obtiene ningún título.

**7**. c) La cooperación con los padres en esta etapa es fundamental.

**8**. c) 6.

**9**. c) En alguno de los cursos del tercer ciclo.

**10**. d) Con la entrada en vigor de la LOMLOE, la ESO no se organiza en ciclos.

**11**. c) Filosofía.

**12**. a) Bachillerato.

**13**. c) Para acceder a esta etapa es necesario estar en posesión del título de Graduado en Educación Secundaria Obligatoria.

**14**. d) Todas son correctas.

**15**. a) Está organizada en ciclos de grado básico, de grado medio y de grado superior.

**De la integración escolar a la inclusión educativa. Decreto 104/2018, de 27 de julio, del Consell, por el que se desarrollan los principios de equidad y de inclusión en el sistema educativo valenciano**

**1. La inclusión es un principio teórico de intervención pedagógica para dar respuesta a la diversidad presente en los entornos educativos. ¿Cuál de los siguientes enunciados no es cierto en relación con el citado concepto?**

a) Se trata de un término más amplio que integración, en el que todos los alumnos se consideran miembros del sistema escolar.

b) La inclusión va más allá del ámbito educativo y se manifiesta también en otros sectores como el laboral, el de la salud, el de participación social.

c) La inclusión implica que el sistema educativo acoge a la pluralidad personal y cultural y da respuesta a la misma.

d) Todas son ciertas.

**2. El principio de normalización en educación hace referencia a:**

a) La necesidad de ofrecer servicios y recursos didácticos específicos.

b) La necesidad de no ofrecer servicios y recursos didácticos específicos.

c) La necesidad de no ofrecer servicios y recursos didácticos específicos, salvo excepciones, en el caso de que los alumnos no puedan beneficiarse de los ordinarios.

d) Que el alumno no utiliza material específico.

**3. ¿Quién fue el primer autor en hablar del principio de normalización?**

a) Bank-Mikkelsen.

b) W. Wolfensberger.

c) Warnock.

d) Piaget.

**4. Señala la afirmación correcta sobre el principio de integración:**

a) Se plantea por primera vez en el ámbito laboral concretamente en el informe Warnock.

b) El objetivo de la integración es facilitar el incremento del nivel de calidad de vida de las personas que puedan encontrarse en situación de desventaja.

c) En 1994, tras la Conferencia Mundial sobre Necesidades Educativas Especiales celebrada por la UNESCO en Salamanca, es cuando se empieza a utilizar el término de integración aplicado a las personas con diversidad funcional.

d) Las respuestas b) y c) son correctas.

**5.** **En 1994, tras la Conferencia Mundial sobre Necesidades Educativas Especiales celebrada por la UNESCO en Salamanca, empezó a utilizarse un concepto que ha tenido mucha influencia en la respuesta educativa a los niños con discapacidad, nos referimos a:**

a) Normalización.
b) Integración.
c) Inclusión.
d) No discriminación.

**6. ¿Cuál de los siguientes paradigmas no se corresponde con el de escuela inclusiva?**

a) Las características particulares de cada asignatura deben ser el punto de partida para desarrollar el máximo potencial de cada uno.

b) Todos los niños pueden experimentar dificultades al aprender.

c) Las dificultades de aprendizaje son resultado de la interacción entre lo que aporta el niño a la situación y el programa que ofrece la escuela.

d) Las diferencias entre los alumnos se consideran un valor que fortalece la clase y ofrece mayores oportunidades de aprendizaje.

**7. Según el artículo 3 del Decreto 104/2018, de 27 de julio, por el que se desarrollan los principios de equidad y de inclusión en el sistema educativo valenciano, uno de los principios en los que se basa la educación inclusiva es que cada alumno tiene necesidades:**

a) Esenciales.
b) Diversas.
c) Excluyentes.
d) Únicas.

**8. En virtud del artículo 3 del Decreto104/2018, la educación inclusiva tiene como propósito dar una respuesta educativa que favorezca el máximo desarrollo de todo el alumnado, y elimine todas las formas de exclusión, desigualdad y vulnerabilidad, teniendo en cuenta un modelo coeducativo, dentro de entornos seguros, saludables, sostenibles y:**

a) Vigilados.
b) Democráticos.
c) Familiares.
d) Acogedores.

**9. La escuela inclusiva requiere un análisis y reflexión sobre las barreras que generan desigualdades, la planificación de las actuaciones de mejora, la aplicación de los cambios de manera eficaz y la evaluación de su impacto, desde la perspectiva que:**

a) Todas las personas sean valoradas por igual.
b) El camino hacia la inclusión es un proceso continuo de mejora.
c) Los espacios, servicios, procesos, materiales y productos puedan ser utilizados por todo el alumnado y por las personas miembros de la comunidad educativa sin ningún tipo de discriminación.
d) Los conflictos deben ser objeto de trabajo explícito y sistemático.

**10. Señala la opción incorrecta. Las líneas generales de actuación que caracterizan el modelo de escuela inclusiva y garantizan el desarrollo de sus principios son:**

a) La identificación y la eliminación de barreras en el contexto.
b) La movilización de recursos para dar respuesta a la diversidad.
c) El compromiso con el deporte y los valores deportivos.
d) El desarrollo de un currículo para la inclusión.

**11. La estructura y el contenido del currículo para la inclusión deben responder a los principios de relevancia, de pertenencia y de:**

a) Sostenibilidad.
b) Motivación.
c) Cooperación.
d) Convivencia.

**12. ¿En cuál de las siguientes normas se indica que "La educación inclusiva parte de la base de que cada alumna y cada alumno tiene necesidades únicas y la consideración de la diversidad como un valor positivo que mejora y enriquece el proceso de aprendizaje y enseñanza"?**

a) Ley 11/2003, de 10 de abril, de la Generalitat, sobre el Estatuto de las personas con discapacidad.
b) Plan Valenciano de Inclusión y Cohesión Social.
c) Decreto 104/2018, de 27 de julio, del Consell, por el que se desarrollan los principios de equidad y de inclusión en el sistema educativo valenciano.
d) Orden 20/2019, de 30 de abril de la Conselleria de Educación, Investigación, Cultura y Deporte, por la cual se regula la organización de la respuesta educativa para la inclusión del alumnado en los centros docentes sostenidos con fondos públicos del sistema educativo valenciano.

**13. ¿Cuál de los siguientes documentos tiene como uno de sus objetivos sensibilizar a todas las administraciones públicas, a todos los agentes y entidades sociales y a toda la ciudadanía en general, sobre la situación de vulnerabilidad en la que se encuentran muchas ciudadanas y muchos ciudadanos, al mismo tiempo que hace una llamada para poder avanzar en la misma dirección, con el fin de eliminar las barreras que impiden, limitan o reducen el pleno ejercicio del derecho a la educación?**

a) Ley 11/2003, de 10 de abril, de la Generalitat, sobre el Estatuto de las personas con discapacidad.

b) Plan Valenciano de Inclusión y Cohesión Social.

c) Decreto 104/2018, de 27 de julio, del Consell, por el que se desarrollan los principios de equidad y de inclusión en el sistema educativo valenciano.

d) Orden 20/2019, de 30 de abril de la Conselleria de Educación, Investigación, Cultura y Deporte, por la cual se regula la organización de la respuesta educativa para la inclusión del alumnado en los centros docentes sostenidos con fondos públicos del sistema educativo valenciano.

**14. ¿En cuál de los siguientes artículos del Decreto 104/2018, de 27 de julio, del Consell, por el que se desarrollan los principios de equidad y de inclusión en el sistema educativo valenciano, se indica que el alumnado tiene el derecho a ser escolarizado en un puesto escolar gratuito en la enseñanza básica y en el segundo ciclo de Educación Infantil en condiciones de igualdad y calidad; así como a la escolarización de todo el alumnado con necesidades específicas de apoyo educativo; y la no discriminación por razón de nacimiento, raza, sexo, orientación afectivo-sexual, religión, opinión o cualquier otra condición o circunstancia personal y social?**

a) Artículo 4.
b) Artículo 8.
c) Artículo 17.
d) Artículo 20.

**15. La participación del alumnado en las actividades de grupo y del centro ¿en cuál de los siguientes artículos del Decreto 104/2018, de 27 de julio, del Consell, por el que se desarrollan los principios de equidad y de inclusión en el sistema educativo valenciano se encuentra?**

a) Artículo 4.
b) Artículo 8.
c) Artículo 17.
d) Artículo 20.

En MADTEST tienes **más preguntas de este tema**, y todos tus avances quedan registrados y se reflejan en el ranking.

**¡Supera tus límites con MADTEST!**

# Solución al test n.º 4

**1**. d) Todas son ciertas.

**2**. c) La necesidad de no ofrecer servicios y recursos didácticos específicos, salvo excepciones, en el caso de que los alumnos no puedan beneficiarse de los ordinarios.

**3**. a) Bank-Mikkelsen.

**4**. b) El objetivo de la integración es facilitar el incremento del nivel de calidad de vida de las personas que puedan encontrarse en situación de desventaja.

**5**. c) Inclusión.

**6**. a) Las características particulares de cada asignatura deben ser el punto de partida para desarrollar el máximo potencial de cada uno.

**7**. d) Únicas.

**8**. b) Democráticos.

**9**. b) El camino hacia la inclusión es un proceso continuo de mejora.

**10**. c) El compromiso con el deporte y los valores deportivos.

**11**. a) Sostenibilidad.

**12**. c) Decreto 104/2018, de 27 de julio, del Consell, por el que se desarrollan los principios de equidad y de inclusión en el sistema educativo valenciano.

**13**. b) Plan Valenciano de Inclusión y Cohesión Social.

**14**. d) Artículo 20.

**15**. b) Artículo 8.

**Detección de barreras e identificación de necesidades educativas del alumnado. Respuesta educativa para la inclusión. La escolarización del alumnado con necesidades educativas especiales. Orden 20/2019, de 30 de abril, de la Conselleria de Educación, Investigación, Cultura y Deporte, por la que se regula la organización de la respuesta educativa para la inclusión del alumnado en los centros docentes sostenidos con fondos públicos del sistema educativo valenciano**

**1. La detección previa a la escolarización de las situaciones de compensación de desigualdades corresponde a:**

a) Los servicios sociales municipales o mancomunados entre diferentes municipios.
b) Los servicios psicopedagógicos escolares.
c) Los gabinetes psicopedagógicos municipales.
d) La dirección del centro donde se va a escolarizar el alumno.

**2. ¿Quién se encarga de formalizar la solicitud al servicio especializado de orientación para que inicie la evaluación sociopsicopedagógica, una vez constatada la necesidad de llevarla a cabo?**

a) El equipo educativo.
b) La directora o el director.
c) La tutora o el tutor.
d) La persona responsable del servicio de orientación.

**3. La valoración sociopsicopedagógica tiene carácter prescriptivo:**

a) Nunca. Se realiza según criterio del servicio especializado de orientación.
b) Para la aplicación de todas las medidas de respuesta de nivel III.
c) Para la aplicación de todas las medidas de respuesta de nivel IV.
d) Las respuestas b) y c) son correctas.

**4. La evaluación y el informe sociopsicopedagógico se han de actualizar:**

a) No es necesaria su actualización, puesto que las medidas, en líneas generales, siempre serán las mismas.
b) Al inicio de cada curso escolar.
c) Al finalizar cada curso escolar, una vez realizada la evaluación.
d) En los cambios de etapa.

**5. Cuando el alumno necesita apoyo con personal especializado en algunas áreas o entornos durante una parte de la jornada escolar semanal, hablamos de:**

a) Grado de apoyo 1.
b) Grado de apoyo 2.
c) Grado de apoyo 3.
d) Grado de apoyo 4.

**6. La respuesta educativa para la inclusión de nivel III se dirige a:**

a) Toda la comunidad educativa.
b) Alumnado que requiere una respuesta personalizada e individualizada.
c) Todo el alumnado de un grupo clase.
d) Alumnado que requiere una respuesta diferenciada, individualmente o en grupo.

**7. Las actuaciones transversales que fomentan la igualdad, la convivencia, la salud y el bienestar son medidas de:**

a) Nivel I.
b) Nivel II.
c) Nivel III.
d) Nivel IV.

**8. ¿Quiénes son los agentes responsables de las medidas de respuesta para la inclusión de nivel I?**

a) Órganos de gobierno.
b) Tutora o tutor.
c) Profesorado especializado de apoyo.
d) Todas son correctas.

**9. ¿Qué documento concreta las medidas de respuesta para la inclusión de nivel IV?**

a) Proyecto educativo (PE).
b) Plan de Actuación para la Mejora (PAM).
c) Plan de Atención a la Diversidad, el Plan de Acción Tutorial y el Plan de Igualdad y Convivencia.
d) Plan de Actuación Personalizado (PAP).

**10. Señala la respuesta correcta sobre las adaptaciones de acceso**:

a) Solo pueden aplicarse en las etapas educativas correspondientes a la educación obligatoria.

b) Implican la modificación o la provisión de apoyos materiales, espaciales, personales, de comunicación, metodológicos u organizativos.

c) Las adaptaciones de acceso las planifica, desarrolla y evalúa el equipo directivo.

d) Iodas las respuestas son correctas.

**11. La adecuación personalizada de las programaciones didácticas**:

a) Es una medida de nivel IV.

b) Solo se puede realizar en las etapas obligatorias del sistema educativo.

c) Tiene que realizarse tomando como referencia las unidades didácticas y las actividades programadas para todo el grupo-clase.

d) Es competencia del consejo escolar.

**12. La medida de refuerzo pedagógico va dirigida al alumnado siguiente**:

a) Alumnado que tiene dificultades de aprendizaje en determinadas áreas o materias.

b) Alumnado que ha promocionado con áreas o materias no superadas del curso anterior.

c) Alumnado de incorporación tardía al sistema educativo valenciano que se incorpora de forma transitoria a un curso inferior al que le corresponde por edad.

d) Todas las respuestas son correctas.

**13. El enriquecimiento curricular es una medida curricular extraordinaria de nivel III dirigida**:

a) Al alumnado con altas capacidades intelectuales.

b) Al alumnado con discapacidad intelectual.

c) Al alumnado de incorporación tardía al sistema educativo valenciano.

d) Al alumnado con discapacidad sensorial (visual o auditiva).

**14. La adaptación curricular individual significativa (ACIS)**:

a) Es una medida curricular extraordinaria de nivel III.

b) Solo pueden realizarse de una o diversas áreas o materias, nunca del conjunto de estas.

c) Se tienen que actualizar al inicio de cada curso escolar.

d) Es una medida que no permite al alumno al que se le aplica obtener el título de graduado en Educación Secundaria Obligatoria.

**15. Los programas personalizados para la adquisición y uso funcional de la comunicación, el lenguaje y el habla:**

a) Son medidas de nivel II.

b) Los desarrolla el personal docente especializado de Audición y Lenguaje.

c) Se pueden aplicar en cualquier etapa educativa.

d) Para el acceso a estos programas no es necesario un informe sociopsicopedagógico, pero sí un Plan de actuación personalizado.

En MADTEST tienes **más preguntas de este tema**, y todos tus avances quedan registrados y se reflejan en el ranking.

**¡Supera tus límites con MADTEST!**

# Solución al test n.º 5

**1**. a) Los servicios sociales municipales o mancomunados entre diferentes municipios.

**2**. c) La tutora o el tutor.

**3**. c) Para la aplicación de todas las medidas de respuesta de nivel IV.

**4**. d) En los cambios de etapa.

**5**. b) Grado de apoyo 2.

**6**. d) Alumnado que requiere una respuesta diferenciada, individualmente o en grupo.

**7**. b) Nivel II.

**8**. a) Órganos de gobierno.

**9**. d) Plan de Actuación Personalizado (PAP).

**10**. b) Implican la modificación o la provisión de apoyos materiales, espaciales, personales, de comunicación, metodológicos u organizativos.

**11**. c) Tiene que realizarse tomando como referencia las unidades didácticas y las actividades programadas para todo el grupo-clase.

**12**. d) Todas las respuestas son correctas.

**13**. a) Al alumnado con altas capacidades intelectuales.

**14**. c) Se tienen que actualizar al inicio de cada curso escolar.

**15**. b) Los desarrolla el personal docente especializado de Audición y Lenguaje.

**Plan de actuación personalizado (PAP). Participación de la educadora o educador de educación especial en el desarrollo de las medidas educativas propuestas por el equipo educativo. Informes y memoria de las actividades realizadas**

**1. El plan de actuación personalizado es el documento que concreta las medidas de respuesta educativa para la inclusión de:**

a) Nivel I.
b) Nivel II.
c) Nivel III.
d) Nivel IV.

**2. ¿Quién elabora el plan de actuación personalizado, coordinado por la tutoría?**

a) El equipo directivo.
b) El equipo educativo.
c) El educador de educación especial.
d) El profesor de pedagogía terapéutica.

**3. El PAP tiene carácter prescriptivo para el alumnado con necesidades específicas de apoyo educativo, siempre que se aplique la siguiente medida:**

a) Programas personalizados que implican apoyos personales especializados.
b) Programa de refuerzo para el cuarto curso de la Educación Secundaria Obligatoria (PR4).
c) Organización de grupos flexibles heterogéneos.
d) Programa de mejora del aprendizaje y del rendimiento (PMAR).

**4. Uno de los apartados que debe contener el PAP es:**

a) Agentes que intervienen, incluyendo la familia o representantes legales y agentes externos.
b) Necesidades educativas que presenta y barreras y fortalezas en el acceso, la participación y el aprendizaje.
c) Medidas de respuesta educativa que se están aplicando o que se han aplicado con anterioridad, y los resultados.
d) Todas son correctas.

**5. El PAP tiene carácter:**

a) Permanente. Se redacta una sola vez cuando se detectan las necesidades educativas.
b) Anual y se redacta al inicio de cada curso escolar.
c) Trimestral y se redacta al inicio de cada trimestre.
d) Temporal. Se redacta al inicio de cada una de las etapas educativas.

**6. Las decisiones sobre la modificación del PAP y, si es el caso, la incorporación de nuevas medidas de respuesta, son acordadas:**

a) De forma colegiada por el equipo educativo.
b) Por el equipo directivo.
c) Por el tutor.
d) Por personal docente especializado de apoyo de Pedagogía Terapéutica y de Audición y Lenguaje.

**7. El PAP concretará el horario del personal especializado de apoyo. Hasta un máximo de 4 sesiones/semanales (3 o 4 sesiones) se considera una intensidad:**

a) Mínima.
b) Baja.
c) Mediana.
d) Alta.

**8. En base a lo establecido en la Resolución de 24 de julio de 2019, para la confección del horario del personal educador de educación especial:**

a) No es necesario ajustarse a la distribución por sesiones.
b) Se establece una intensidad baja.
c) Se establece una intensidad mediana.
d) Se establece una Intensidad alta.

**9. El educador de educación especial se considera:**

a) Personal de apoyo no especializado.
b) Personal no docente especializado de apoyo.
c) Personal docente especializado de apoyo.
d) Personal de apoyo sin cualificación profesional.

**10. El apoyo personal se tiene que facilitar, preferentemente:**

a) Junto con el grupo-clase de referencia.
b) De forma individualizada.
c) Mediante agrupamientos del alumnado fuera el aula ordinaria.
d) En aulas de educación especial.

**11. ¿Cuál de los siguientes profesionales se considera personal docente especializado de apoyo?**

a) El personal de Fisioterapia.
b) El personal de Pedagogía Terapéutica.

c) El personal Intérprete de Lengua de Signos.
d) Todas son correctas.

**12. El personal especializado de apoyo se integra en el departamento de orientación:**

a) En los centros de Educación Infantil.
b) En los centros de Educación Primaria.
c) En los centros de Educación Infantil y Educación Primaria.
d) En los centros de Educación Secundaria.

**13. La intervención del personal especializado de apoyo se tiene que realizar:**

a) De acuerdo con el Plan de actuación personalizado.
b) En estrecha coordinación con las tutoras y los tutores, los equipos docentes, el servicio especializado de orientación, las familias y otros profesionales, del centro o externos, que intervienen.
c) Desde la consideración de que tienen que contribuir a mejorar la autonomía y la autoestima del alumnado y a generalizar los aprendizajes en los diferentes contextos.
d) Todas son correctas.

**14. Para tomar decisiones sobre la continuidad o la retirada de los apoyos personales especializados:**

a) Se toma como referencia los criterios establecidos en el Plan de actuación personalizado.
b) Se toma como referencia los supuestos establecidos en el artículo 4 de la Orden 20/2019, de 30 de abril.
c) Se toma como referencia la opinión de la familia o del propio alumno si es mayor de edad.
d) Una vez decididos los apoyos que se van a prestar no se pueden retirar.

**15. El personal especializado de apoyo, coordinado por las tutoras o los tutores, tiene que elaborar, de forma conjunta, un informe por cada alumna o alumno atendido, que contemple los aspectos trabajados, el progreso conseguido y, si procede, las orientaciones y recomendaciones en el ámbito familiar:**

a) Al final de cada trimestre y del curso escolar.
b) Solo al final del curso escolar.
c) Al final de cada unidad didáctica trabajada.
d) Este informe es elaborado por la dirección del centro.

En MADTEST tienes **más preguntas de este tema,** y todos tus avances quedan registrados y se reflejan en el ranking.

**¡Supera tus límites con MADTEST!**

# Solución al test n.º 6

**1**. d) Nivel IV.

**2**. b) El equipo educativo.

**3**. a) Programas personalizados que implican apoyos personales especializados.

**4**. d) Todas son correctas.

**5**. b) Anual y se redacta al inicio de cada curso escolar.

**6**. a) De forma colegiada por el equipo educativo.

**7**. c) Mediana.

**8**. a) No es necesario ajustarse a la distribución por sesiones.

**9**. b) Personal no docente especializado de apoyo.

**10**. a) Junto con el grupo-clase de referencia.

**11**. b) El personal de Pedagogía Terapéutica.

**12**. d) En los centros de Educación Secundaria.

**13**. d) Todas son correctas.

**14**. a) Se toma como referencia los criterios establecidos en el Plan de actuación personalizado.

**15**. a) Al final de cada trimestre y del curso escolar.

# TEST N.º 7

**El educador o educadora especial como miembro de los equipos y departamentos de orientación. Decreto 72/2021, de 21 de mayo, del Consell, de organización de la orientación educativa y profesional en el sistema educativo valenciano. Colaboración y coordinación de la educadora o educador de educación especial con la tutora o tutor, con el equipo educativo y con las familias del alumnado con necesidades educativas especiales**

**1. ¿Qué norma autonómica regula la respuesta educativa Vinclusiva en la Comunitat Valenciana?**

a) Decreto 72/2021, de 21 de mayo.
b) Decreto 39/2016, de 15 de abril.
c) Decreto 104/2018, de 27 de julio.
d) Orden 10/2023, de 22 de mayo.

**2. ¿En qué equipos puede integrarse el educador/a especial en la Comunitat Valenciana?**

a) Solo en centros de Educación Especial.
b) En servicios sociales municipales.
c) En EOEP, departamentos de orientación y centros de Educación Especial.
d) En centros hospitalarios escolares.

**3. ¿Cuál de las siguientes funciones corresponde al ámbito de intervención directa con el alumnado?**

a) Participar en reuniones de coordinación pedagógica.
b) Asesorar a las familias sobre recursos externos.
c) Aplicar programas de intervención adaptados a NEE.
d) Coordinar adaptaciones curriculares con el equipo directivo.

**4. ¿Qué función desempeña el educador/a especial en relación al profesorado?**

a) Participar en la confección de horarios escolares.
b) Aportar estrategias metodológicas inclusivas.

c) Redactar las actas de evaluación.
d) Organizar las reuniones de familias.

**5. ¿Qué tipo de escolarización no se contempla en la Comunitat Valenciana según la normativa de inclusión?**

a) Escolarización combinada.
b) Escolarización específica.
c) Escolarización ordinaria con apoyos.
d) Escolarización segregada por diagnóstico clínico.

**6. ¿Cuál de estas funciones se vincula al trabajo del educador/a especial con las familias?**

a) Evaluar el rendimiento académico del alumno.
b) Coordinar las actividades extraescolares.
c) Informar sobre apoyos externos y fomentar la participación familiar.
d) Gestionar becas y ayudas escolares.

**7. ¿Qué formación se considera más adecuada para el perfil profesional del educador/a especial?**

a) Historia y Geografía.
b) Gestión Administrativa.
c) Pedagogía Terapéutica o Educación Especial.
d) Informática Aplicada.

**8. ¿A través de qué órganos se coordina habitualmente el educador/a especial?**

a) Dirección territorial y Consejos escolares.
b) CCP, CAD, equipos docentes y reuniones del departamento.
c) Junta de Gobierno Local y AMPA.
d) Delegación sindical y claustro ampliado.

**9. ¿Qué caracteriza el trabajo del educador/a especial dentro del equipo de orientación?**

a) Trabajo administrativo centrado en gestión de documentos.
b) Actuación puntual solo en etapas iniciales.
c) Intervención interdisciplinar en contextos educativos diversos.
d) Evaluación médica del alumnado.

**10. ¿Cuál de las siguientes afirmaciones es correcta sobre el EOEP?**

a) Solo prestan apoyo a centros concertados.
b) Son equipos exclusivos para Educación Secundaria.
c) Son equipos itinerantes que apoyan centros de Infantil y Primaria.
d) Su intervención se limita a la evaluación psicopedagógica.

**11. ¿Cuál es el objeto principal del Decreto 72/2021?**

a) Regular la formación del profesorado en la Comunitat Valenciana.
b) Establecer los criterios de evaluación del alumnado.
c) Regular la organización de la orientación educativa y profesional en el sistema educativo valenciano.
d) Definir el currículo de las etapas educativas obligatorias.

**12. ¿A qué centros se aplica el Decreto 72/2021?**

a) A todos los centros educativos, públicos y privados.
b) A los centros docentes sostenidos con fondos públicos que imparten enseñanzas no universitarias.
c) Únicamente a los centros de Educación Secundaria.
d) Solo a los centros de Formación Profesional.

**13. ¿Cuántos tipos de intervención estructuran la orientación educativa y profesional según el Decreto 72/2021?**

a) Dos.
b) Tres.
c) Cuatro.
d) Cinco.

**14. ¿Cuál de las siguientes no es una de las estructuras de intervención en orientación educativa y profesional según el Decreto 72/2021?**

a) La docencia y la tutoría.
b) Los equipos de orientación educativa y los departamentos de orientación educativa y profesional.
c) Las agrupaciones de orientación de zona.
d) Los consejos escolares municipales.

**15. ¿Qué función tiene la acción tutorial según el Decreto 72/2021?**

a) Evaluar al profesorado.
b) Coordinar las actividades extraescolares.
c) Colaborar con las familias y realizar funciones de orientación educativa, académica y profesional.
d) Gestionar los recursos económicos del centro.

# Solución al test n.º 7

**1.** c) Decreto 104/2018, de 27 de julio.

**2.** c) En EOEP, departamentos de orientación y centros de Educación Especial.

**3.** c) Aplicar programas de intervención adaptados a NEE.

**4.** b) Aportar estrategias metodológicas inclusivas.

**5.** d) Escolarización segregada por diagnóstico clínico.

**6.** c) Informar sobre apoyos externos y fomentar la participación familiar.

**7.** c) Pedagogía Terapéutica o Educación Especial.

**8.** b) CCP, CAD, equipos docentes y reuniones del departamento.

**9.** c) Intervención interdisciplinar en contextos educativos diversos.

**10.** c) Son equipos itinerantes que apoyan centros de Infantil y Primaria.

**11.** c) Regular la organización de la orientación educativa y profesional en el sistema educativo valenciano.

**12.** b) A los centros docentes sostenidos con fondos públicos que imparten enseñanzas no universitarias.

**13.** c) Cuatro.

**14.** d) Los consejos escolares municipales.

**15.** c) Colaborar con las familias y realizar funciones de orientación educativa, académica y profesional.

# TEST N.º 8

**Características y necesidades educativas del alumnado con discapacidad motora. La atención de la educadora o educador de educación especial a este alumnado**

**1. La discapacidad motora más frecuente en la infancia es:**

a) La parálisis cerebral.
b) La espina bífida.
c) Las distrofias musculares.
d) La discapacidad motora no es frecuente en la infancia.

**2. El origen de la parálisis cerebral es una lesión encefálica que se caracteriza por ser:**

a) De origen tardío.
b) Crónica.
c) Progresiva.
d) Todas son correctas.

**3. Cuando la parálisis cerebral afecta a los miembros inferiores hablamos de:**

a) Monoplejia.
b) Hemiplejia.
c) Paraplejia.
d) Tetraplejia.

**4. Cuando la parálisis cerebral afecta a todos los miembros, tanto inferiores como superiores hablamos de:**

a) Monoplejia.
b) Hemiplejia.
c) Paraplejia.
d) Tetraplejia.

**5. El tipo más frecuente de parálisis cerebral según la afectación del tono muscular es:**

a) Atetósica o atetoide.
b) Espástica.
c) Atáxica.
d) Mixta.

**6. ¿En qué tipo de parálisis cerebral es frecuente alteración en el equilibrio corporal, marcha insegura y dificultades en la coordinación y el control de ojos y manos?**

a) Atetósica o atetoide.
b) Espástica.
c) Atáxica.
d) Mixta.

**7. Uno de los trastornos asociados a la parálisis cerebral es:**

a) Convulsiones o epilepsia.
b) Dificultades del habla y del lenguaje.
c) Trastornos sensoriales.
d) Todas son correctas.

**8. Con respecto a la discapacidad intelectual en el caso de las personas con parálisis cerebral podemos afirmar que:**

a) Todas las personas con parálisis cerebral presentan discapacidad intelectual en mayor o menor grado.
b) La mayoría de las personas con parálisis cerebral presentan discapacidad intelectual moderada o grave.
c) Tan solo un tercio de las personas con parálisis cerebral presentan discapacidad intelectual moderada o grave. Otro tercio, una discapacidad intelectual leve y el tercio restante, no presenta discapacidad intelectual.
d) Las personas con parálisis cerebral no presentan en ningún caso discapacidad intelectual.

**9. La espina bífida:**

a) Es una grave malformación congénita del tubo neural.
b) Se produce por una falta de cierre o fusión de los arcos vertebrales, con el consiguiente riesgo de producir daños en la médula espinal.
c) Exteriormente se manifiesta mediante un abultamiento, cubierto o no de piel, que puede contener tan solo membranas o porciones de médula espinal.
d) Todas son correctas.

**10. Es el tipo de espina bífida más frecuente:**

a) Meningocele.
b) Lipomeningocele.
c) Mielomeningocele o meningomielocele.
d) Siringomielocele.

**11. La causa de la distrofia muscular es**:

a) Defectos genéticos que ocasionan que alguna proteína del músculo esté defectuosa o no se produzca en la cantidad necesaria.
b) El déficit de ácido fólico de la madre antes de la concepción.
c) Traumatismos por accidentes graves, las infecciones como meningitis o encefalitis, trastornos vasculares, anoxia, intoxicaciones.
d) Todas son correctas.

**12. La forma más frecuente y grave de distrofia muscular es**:

a) De Duchenne.
b) De Becker.
c) Miotónica.
d) Facio-escapulo-humeral.

**13. ¿Cuál de los siguientes tipos de distrofia muscular afecta principalmente al género masculino?**

a) De Emery-Dreifuss.
b) Oculofaríngea.
c) Congénita.
d) Todas son correctas.

**14. Una de las principales necesidades educativas especiales de los alumnos con discapacidad motora es**:

a) El desplazamiento.
b) La manipulación.
c) El control postural.
d) Todas son correctas.

**15. Los sistemas de comunicación que pretenden complementar al lenguaje oral en los casos en que, por sí solo, no es suficiente para establecer una comunicación efectiva con el entorno se llaman**:

a) Sistemas alternativos de comunicación.
b) Sistemas aumentativos de comunicación.
c) Sistemas bimodales.
d) Sistemas de comunicación total.

En MADTEST tienes **más preguntas de este tema**, y todos tus avances quedan registrados y se reflejan en el ranking.

**¡Supera tus límites con MADTEST!**

# Solución al test n.º 8

**1**. a) La parálisis cerebral.

**2**. b) Crónica.

**3**. c) Paraplejia.

**4**. d) Tetraplejia.

**5**. b) Espástica.

**6**. c) Atáxica.

**7**. d) Todas son correctas.

**8**. c) Tan solo un tercio de las personas con parálisis cerebral presentan discapacidad intelectual moderada o grave. Otro tercio, una discapacidad intelectual leve y, el tercio restante, no presenta discapacidad intelectual.

**9**. d) Todas son correctas.

**10**. c) Mielomeningocele o meningomielocele.

**11**. a) Defectos genéticos que ocasionan que alguna proteína del músculo esté defectuosa o no se produzca en la cantidad necesaria.

**12**. a) De Duchenne.

**13**. a) De Emery-Dreifuss.

**14**. d) Todas son correctas.

**15**. b) Sistemas aumentativos de comunicación.

## Características y necesidades educativas del alumnado con discapacidad sensorial. La atención de la educadora o educador de educación especial a este alumnado

**1. La capacidad de nuestro sistema visual para distinguir detalles de forma nítida a una distancia y condiciones determinadas se denomina:**

a) Campo visual.
b) Agudeza visual.
c) Dioptría.
d) Capacidad de visión.

**2. En España es considerada legalmente ciega aquella persona cuya agudeza visual es:**

a) Menor o igual al 15 % (0,15 en la escala de Wecker), obtenida con la mejor corrección óptica y/o un campo visual menor o igual a 20 grados en el mejor de sus ojos.
b) Menor o igual al 10 % (0,1 en la escala de Wecker), obtenida con la mejor corrección óptica y/o un campo visual menor o igual a 10 grados en el mejor de sus ojos.
c) Menor o igual al 10 % (0,1 en la escala de Wecker), obtenida con la mejor corrección óptica y/o un campo visual mayor o igual a 15 grados en el mejor de sus ojos.
d) Menor o igual al 15 % (0,1 en la escala de Wecker), obtenida con la mejor corrección óptica y/o un campo visual menor o igual a 15 grados en el mejor de sus ojos.

**3. Se considera que un paciente tiene baja visión cuando tras la mejor corrección óptica su agudeza visual es:**

a) Menor de 0,2 en el mejor de los ojos, o un campo visual inferior a 20 grados.
b) Menor de 0,3 en el mejor de los ojos, o un campo visual inferior a 20 grados.
c) Menor de 0,2 en el mejor de los ojos, o un campo visual inferior a 25 grados.
d) Menor de 0,3 en el mejor de los ojos, o un campo visual inferior a 25 grados.

**4. La pérdida de la transparencia del cristalino, total o parcial, que causa pérdida de agudeza visual se denomina:**

a) Acromatopsia.
b) Catarata.

c) Estrabismo.

d) Glaucoma.

**5. El nistagmus es:**

a) Una oscilación rítmica e involuntaria de uno o ambos ojos que puede presentarse a cualquier edad.

b) Un error del enfoque visual que generalmente se manifiesta con una visión borrosa e incómoda de cerca, aunque, a partir de cierta edad, también se ven mal los objetos lejanos.

c) Un defecto de refracción del ojo en el que las imágenes quedan enfocadas delante de la retina.

d) La excesiva sensibilidad anormal frente a la luz.

**6. ¿Cuál de las siguientes infecciones durante el embarazo puede producir ceguera?**

a) Rubéola.

b) Toxoplasmosis.

c) Hepatitis.

d) Las respuestas a) y b) son correctas.

**7. La fibroplasia retrolental:**

a) Es causada por infecciones neonatales.

b) Se asocia a discapacidad intelectual.

c) Es causada por el oxígeno.

d) Ninguna es correcta.

**8. ¿Cómo se puede manifestar la discapacidad visual en la infancia?**

a) Como retraso escolar.

b) Bebés que se asustan con los ruidos.

c) Poco interés por aprender a caminar.

d) Todas son correctas.

**9. La agudeza visual se explora mediante:**

a) El oftalmoscopio.

b) Las tablas de Snellen.

c) La campimetría.

d) Ecografía ocular.

**10. La distancia a la que se coloca la tabla de Snellen para ser leída es de:**

a) 12 metros.

b) 1 metro.

c) 10 metros.
d) 6 metros.

**11.** **El tratamiento del niño hipovisual, amblíope o con restos visuales, se basará en**:

a) Aparatos ópticos.
b) Adaptar el ambiente.
c) El uso de perros guía.
d) Las respuestas a) y b) son correctas.

**12.** **El tratamiento del niño con ceguera total se basará en**:

a) Aparatos ópticos.
b) Protegerle del ambiente externo.
c) Aspectos psicopedagógicos.
d) Potenciar los restos visuales.

**13.** **¿Qué factores van a influir en el desarrollo del niño con discapacidad visual?**

a) Cuándo surgió la ceguera.
b) Existencia de restos visuales.
c) Nivel económico de los padres.
d) Las respuestas a) y b) son correctas.

**14.** **La hiperprotección de los padres al niño con discapacidad visual va a causarle**:

a) Gran avance en el aprendizaje.
b) Ansiedad.
c) Miedo al entorno.
d) Las respuestas b) y c) son correctas.

**15.** **Los padres deben relacionarse con el bebé con discapacidad visual por medio de**:

a) Estímulos táctiles y auditivos.
b) Vista.
c) Gusto.
d) Olfato.

En MADTEST tienes **más preguntas de este tema**, y todos tus avances quedan registrados y se reflejan en el ranking.

**¡Supera tus límites con MADTEST!**

# Solución al test n.º 9

**1**. b) Agudeza visual.

**2**. b) Menor o igual al 10 % (0,1 en la escala de Wecker), obtenida con la mejor corrección óptica y/o un campo visual menor o igual a 10 grados en el mejor de sus ojos.

**3**. b) Menor de 0,3 en el mejor de los ojos, o un campo visual inferior a 20 grados.

**4**. b) Catarata.

**5**. a) Una oscilación rítmica e involuntaria de uno o ambos ojos que puede presentarse a cualquier edad.

**6**. d)Las respuestas a) y b) son correctas.

**7**. c) Es causada por el oxígeno.

**8**. d) Todas son correctas.

**9**. b) Las tablas de Snellen.

**10**. d) 6 metros.

**11**. d) Las respuestas a) y b) son correctas.

**12**. c) Aspectos psicopedagógicos.

**13**. d) Las respuestas a) y b) son correctas.

**14**. d) Las respuestas b) y c) son correctas.

**15**. a) Estímulos táctiles y auditivos.

# TEST N.º 10

**Características y necesidades educativas del alumnado con trastornos del espectro del autismo. La atención de la educadora o educador de educación especial a este alumnado**

**1. La primera persona que definió el trastorno del espectro de autismo como el síndrome que hoy conocemos fue**:

a) Itard.
b) Kanner.
c) Rutter.
d) Piaget.

**2. La edad de comienzo del trastorno del espectro de autismo se sitúa**:

a) Al ser una enfermedad cromosómica, se manifiesta desde el nacimiento.
b) Antes de los 3 años.
c) Al inicio de la escolarización (3-6) años.
d) En la adolescencia.

**3. Señala la afirmación correcta sobre el funcionamiento intelectual de las personas con trastorno del espectro de autismo**:

a) El trastorno del espectro de autismo no se asocia nunca a discapacidad intelectual.
b) En un elevado número de casos el trastorno del espectro de autismo se presenta junto con discapacidad intelectual.
c) La mayor parte de las personas con trastorno del espectro de autismo presentan altas capacidades en un área concreta, como la memoria.
d) La mayor parte de las personas con trastorno del espectro de autismo presentan altas capacidades en todas las áreas.

**4. Una de las características del trastorno del espectro de autismo según la definición de la OMS es**:

a) Las respuestas a los estímulos auditivos y visuales son anormales.
b) Dificultad para mantener la mirada directa a los ojos.
c) hay dificultades en la comprensión del lenguaje hablado.
d) Todas son correctas.

**5. El término utilizado en el DSM 5 es:**

a) Autismo.
b) Trastorno autista.
c) Trastorno del espectro autista.
d) Síndrome autista.

**6. La indiferencia aparente al dolor/temperatura que presentan las personas con trastorno del espectro de autismo es un ejemplo de:**

a) La hiporreactividad a los estímulos sensoriales.
b) La excesiva inflexibilidad de rutinas.
c) Las estereotipias.
d) Las discapacidades en la reciprocidad socioemocional.

**7. Las características sociales del alumno con trastorno del espectro de autismo se manifiestan, principalmente por:**

a) Apreciación adecuada de los estímulos socioemocionales.
b) Respuesta emocional intensa a las emociones de otras personas. Excesiva empatía.
c) Pobre uso de señales sociales.
d) Presencia de reciprocidad emocional.

**8. Una de las características del lenguaje de las personas con trastorno del espectro de autismo es:**

a) Repeticiones ecolálicas.
b) Fracaso para iniciar o mantener conversaciones.
c) Uso del "tú" en lugar del "yo".
d) Todas son correctas.

**9. Entre las alteraciones cognitivas de las personas con trastorno del espectro de autismo podemos citar:**

a) Peor ejecución en tareas cognitivas que impliquen trabajar solos sin personas.
b) Mayor dificultad para procesar estímulos espaciales que temporales.
c) Rigidez en los procesos de pensamiento.
d) Todas son correctas.

**10. La ansiedad ante cambios de ambiente, que presentan los alumnos con trastorno del espectro de autismo es una alteración de:**

a) Comunicación.
b) Cognitiva.
c) Conducta.
d) Sensorial.

**11**. **Las intervenciones sobre niños con trastorno del espectro de autismo no pueden tener éxito si no se cuenta con la seguridad de que las familias mantienen una estrecha colaboración**, **pero a veces pueden presentarse problemas como**:

a) El resto de los hermanos puede sentirse desplazado.
b) Se dificulta la relación familiar normal.
c) Problemas de pareja.
d) Todas son correctas.

**12**. **Los alumnos con trastorno del espectro de autismo**:

a) No pueden ser escolarizados en ningún tipo de centros.
b) Siempre se escolarizan en centros de educación especial.
c) Se pueden escolarizar en centros educativos ordinarios, pero para ello los centros deben contar con el personal y los recursos adecuados.
d) Se escolarizan en centros ordinarios sin ningún tipo de adaptación.

**13**. **Uno de los autores**, **de reconocido prestigio internacional**, **que más aportaciones ha hecho a la educación de niños con trastorno del espectro autista ha sido**:

a) Ángel Rivière.
b) Jean Piaget.
c) Bandura.
d) Daniel Goleman.

**14**. **Una de las medidas para atender las NEE de los alumnos con trastorno del espectro autista es**:

a) Crear ambientes poco estructurados.
b) Actitud no directiva por parte del educador.
c) Las consignas, señales e instrucciones deben darse solo después de asegurar la atención del niño.
d) Todas son correctas.

**15**. **Señala la afirmación correcta sobre la Metodología Hanen**:

a) Consiste en enseñar a los padres qué estrategias deben seguir para fomentar el desarrollo del lenguaje de sus hijos.
b) Está diseñado para niños especialmente entre 2 y 6 años.
c) Aunque el método ha sido adaptado a las necesidades de los niños con diferentes problemas de la comunicación y/o el lenguaje, en España el colectivo que más lo utiliza son los niños con Trastorno del Espectro Autista.
d) Todas son correctas.

En MADTEST tienes **más preguntas de este tema**, y todos tus avances quedan registrados y se reflejan en el ranking.

**¡Supera tus límites con MADTEST!**

# Solución al test n.º 10

**1**. b) Kanner.

**2**. b) Antes de los 3 años.

**3**. b) En un elevado número de casos el trastorno del espectro de autismo se presenta junto con discapacidad intelectual.

**4**. d) Todas son correctas.

**5**. c) Trastorno del espectro autista.

**6**. a) La hiporreactividad a los estímulos sensoriales.

**7**. c) Pobre uso de señales sociales.

**8**. d) Todas son correctas.

**9**. c) Rigidez en los procesos de pensamiento.

**10**. c) Conducta.

**11**. d) Todas son correctas.

**12**. c) Se pueden escolarizar en centros educativos ordinarios, pero para ello los centros deben contar con el personal y los recursos adecuados.

**13**. a) Ángel Rivière.

**14**. c) Las consignas, señales e instrucciones deben darse solo después de asegurar la atención del niño.

**15**. d) Todas son correctas.

**Características y necesidades educativas del alumnado con discapacidad intelectual. La atención de la educadora o educador de educación especial a este alumnado**

**1. ¿Qué criterio utilizaron Doll y Kanner para definir la discapacidad intelectual?**

a) Criterio psicométrico.
b) Criterio Social.
c) Criterio médico.
d) Criterio pedagógico.

**2. La discapacidad intelectual se incluye en el Manual DSM-5 entre:**

a) Los trastornos del desarrollo neurológico.
b) Los trastornos mentales.
c) Los trastornos debidos a retraso mental.
d) Los trastornos del estado de ánimo.

**3. ¿En qué edición de la definición de retraso mental de la Asociación Americana de Discapacidades Intelectuales y del Desarrollo, AAIDD se pasó de un concepto basado en el déficit a uno basado en los sistemas de apoyo?**

a) En la de 1921.
b) En la de 1992.
c) En la de 2002.
d) En la de 2010.

**4. Según la definición de la AAIDD de 2010:**

a) La discapacidad intelectual se caracteriza por limitaciones significativas tanto en funcionamiento intelectual, como en conducta adaptativa.
b) La discapacidad se origina después de los 18 años.
c) La discapacidad intelectual se caracteriza únicamente por limitaciones significativas en el funcionamiento intelectual.
d) Las opciones a) y c) son correctas.

**5. Señala la afirmación correcta sobre el concepto de discapacidad intelectual:**

a) No es necesario para una correcta evaluación tener en cuenta la diversidad cultural y lingüística, aunque podría ser recomendable.

b) En una persona con discapacidad intelectual, las limitaciones coexisten habitualmente con capacidades.

c) Si se mantienen apoyos personalizados apropiados durante un largo periodo, el funcionamiento en la vida de la persona con discapacidad intelectual, no mejorará, pero el trabajo del cuidador será más cómodo.

d) Todas son correctas.

**6. Cuando la ayuda es necesaria habitualmente sin limitación temporal, al menos en algunos entornos hablamos de:**

a) Apoyo generalizado.
b) Apoyo limitado.
c) Apoyo extenso.
d) Apoyo intermitente.

**7. ¿Quiénes fueron los impulsores del criterio psicométrico para la discapacidad intelectual?**

a) Tregold y Doll.
b) O´Connor y Malcahy.
c) Dalton y Neremore.
d) Binet y Simon.

**8. ¿Cómo se obtiene el coeficiente intelectual?**

a) Dividiendo edad mental por edad cronológica y multiplicando por 100.
b) Dividiendo edad cronológica por edad mental y multiplicando por 100.
c) Multiplicando edad mental por edad cronológica y dividiendo por 100.
d) De ninguna de las formas anteriores.

**9. Las personas con discapacidad intelectual que adquieren el lenguaje algo más tarde que la mayoría de la población, pero finalmente son capaces de alcanzar una buena capacidad para expresarse y mantener una conversación, presentan una discapacidad:**

a) Leve.
b) Moderada.
c) Grave.
d) Profunda.

**10**. **Según la clasificación basada en el CI, una persona con un CI de 30, tendría una discapacidad intelectual**:

a) Leve.
b) Moderada.
c) Grave.
d) Profunda.

**11**. **Siguiendo un criterio cuantitativo podemos considerar que una persona tiene discapacidad intelectual si su CI está por debajo de**:

a) 50.
b) 60.
c) 70.
d) 80.

**12**. **Las habilidades que permiten una cierta independencia en las tareas de la vida diaria se conocen como**:

a) Habilidades conceptuales.
b) Habilidades prácticas.
c) Habilidades sociales.
d) Habilidades cotidianas.

**13**. **La habilidad para usar correctamente el transporte público se considera una habilidad**:

a) Social.
b) De vida en el hogar.
c) De comunicación.
d) De utilización de la comunidad.

**14**. **Una persona con discapacidad intelectual, (dependiendo del grado)**:

a) Tiene unas relaciones sociales equiparables al resto de personas sin discapacidad.
b) Puede llegar a tener unas habilidades sociales más o menos útiles que le permitan una relación social aceptable. Aunque siempre tendrá dificultades para percibir los estímulos sociales y reaccionar ante situaciones nuevas.
c) No puede llegar a tener unas mínimas habilidades sociales, por lo que la relación social es imposible.
d) Solo puede relacionarse socialmente de forma adecuada con otras personas que presenten la misma discapacidad o con niños pequeños.

**15. Señala la afirmación correcta sobre la salud física de las personas con discapacidad intelectual:**

a) Muchas personas con discapacidad intelectual pueden presentar también diversos problemas físicos que no están relacionados con la propia discapacidad sino con la etiología subyacente a ella.

b) En los casos más graves de discapacidad la persona puede que no identifique adecuadamente los signos de enfermedad que se dan en su propio cuerpo.

c) A veces sí identifican los signos de enfermedad pero no son capaces de comunicarlo.

d) Todas son correctas.

En MADTEST tienes **más preguntas de este tema,** y todos tus avances quedan registrados y se reflejan en el ranking.

**¡Supera tus límites con MADTEST!**

# Solución al test n.º 11

**1**. b) Criterio Social.

**2**. a) Los trastornos del desarrollo neurológico.

**3**. b) En la de 1992.

**4**. a) La discapacidad intelectual se caracteriza por limitaciones significativas tanto en funcionamiento intelectual, como en conducta adaptativa.

**5**. b) En una persona con discapacidad intelectual, las limitaciones coexisten habitualmente con capacidades.

**6**. c) Apoyo extenso.

**7**. d) Binet y Simon.

**8**. a) Dividiendo edad mental por edad cronológica y multiplicando por 100.

**9**. a) Leve.

**10**. c) Grave.

**11**. c) 70.

**12**. b) Habilidades prácticas.

**13**. d) De utilización de la comunidad.

**14**. b) Puede llegar a tener unas habilidades sociales más o menos útiles que le permitan una relación social aceptable. Aunque siempre tendrá dificultades para percibir los estímulos sociales y reaccionar ante situaciones nuevas.

**15**. d) Todas son correctas.

**Características y necesidades educativas del alumnado con trastornos graves de conducta. Intervención de la educadora o educador de educación especial en la aplicación de programas específicos dirigidos a este alumnado. La observación de conductas y los diferentes instrumentos de recogida de datos**

**1. Para considerar una determinada conducta como trastorno debemos tener en cuenta variables de tipo:**

a) Madurativo.
b) Socioculturales.
c) Intelectuales.
d) Las respuestas a) y b) son correctas.

**2. La definición de trastorno comportamental que da el DSM-5:**

a) Se refiere a él como un patrón repetitivo y persistente de comportamiento.
b) No incluye la falta de respeto por los derechos básicos de otros.
c) no tiene en cuenta la edad del sujeto.
d) Las respuestas a) y c) son correctas.

**3. El niño con problemas conductuales además suele presentar:**

a) Hiperactividad.
b) Dificultades académicas.
c) Anorexia nerviosa.
d) Conductas cercanas a la delincuencia juvenil.

**4. La falta de atención y la impulsividad, entre otros síntomas, caracterizan a:**

a) El TDAH.
b) La falta de asertividad.
c) El mutismo selectivo.
d) La fobia social.

**5**. **Con relación al trastorno por déficit de atención e hiperactividad es cierta la siguiente afirmación**:

a) El trastorno aparece en la adolescencia.
b) La hiperactividad característica de estos niños está relacionada con la falta de atención y la impulsividad que definen el trastorno.
c) Existe una correlación positiva entre el nivel de desarrollo cognitivo y la falta de autocontrol.
d) Ninguna de las respuestas es correcta.

**6**. **En el niño con TDAH**, **el déficit de atención viene determinado por**:

a) Dificultad para mantener la atención de forma continuada.
b) Los procesos de atención están controlados por estrategias internas.
c) Dificultad para prestar atención a los estímulos centrales y salientes.
d) a y b son correctas.

**7**. **Respecto a la excesiva actividad motriz del niño con TDAH podemos decir que**:

a) Siempre tiene un objetivo concreto: molestar intencionadamente.
b) A pesar de que se mueven sin parar, no suelen sufrir accidentes.
c) En situaciones muy estructuradas la agitación motriz es menor.
d) A pesar de ser una de las características más llamativas, no es la más definitoria del trastorno, ya que tiende a desaparecer con la edad.

**8**. **Sobre la conducta social del niño con TDAH**, **es cierto que**:

a) Su conducta social puede repercutir negativamente en su autoestima.
b) No buscan el contacto social, son autosuficientes socialmente hablando.
c) Aunque son capaces de interpretar correctamente las situaciones sociales, no actúan de acuerdo con ellas.
d) Por sus características suelen ser niños muy populares.

**9**. **Para considerar la conducta agresiva como patológica**, **debemos tener en cuenta**, **entre otros factores**:

a) La conducta agresiva siempre es patológica.
b) La persistencia y estabilidad de la conducta.
c) Si se trata de agresiones físicas o verbales.
d) La conducta agresiva nunca es patológica, es solo un síntoma de que algo no marcha bien.

**10**. **Según la finalidad podemos distinguir entre dos tipos de agresiones**:

a) Agresión física y agresión verbal.
b) Agresión autolesiva y agresión social.
c) Agresión manipulativa y agresión hostil.
d) No existen distintos tipos de agresión según la finalidad, puesto que el objetivo siempre es el mismo: hacer daño al otro.

**11. El estilo educativo de padres y educadores puede potenciar o prevenir la conducta agresiva. El estilo educativo que fomenta la agresividad es:**

a) Estilo democrático.
b) Estilo permisivo.
c) Estilo autoritario.
d) Las respuestas b) y c) son correctas.

**12. Con respecto al trastorno de conducta según el DSM-5 (antes. trastorno disocial) es cierta la siguiente afirmación:**

a) Está relacionado con un entorno sociocultural alto, debido a su relación con el consumo de cocaína.
b) Tiene su inicio en la infancia.
c) Se caracteriza, entre otros síntomas, por la agresión a personas y animales y la destrucción de la propiedad.
d) Todas las opciones son correctas.

**13. Sobre el trastorno negativista desafiante, podemos decir que:**

a) Se incluye en el DSM-5 bajo el epígrafe de trastornos destructivos, del control de los impulsos y de la conducta..
b) No existe violación de los derechos fundamentales de los demás.
c) Los niños que presentan este trastorno desafían activamente a los adultos.
d) Todas las opciones con correctas.

**14. El mutismo selectivo se caracteriza por:**

a) Incapacidad para hablar en determinadas situaciones sociales definidas y previsibles.
b) Alteración de la capacidad expresiva del lenguaje.
c) Alteración de la capacidad comprensiva del lenguaje.
d) Todas las opciones son correctas.

**15. El trastorno de movimientos estereotipados se caracteriza por:**

a) Movimientos involuntarios de la cabeza (tics).
b) Autoagresiones, cuya finalidad es conseguir algo de los demás.
c) Movimientos voluntarios repetitivos que no tienen ninguna función.
d) Las respuestas a) y b) son correctas.

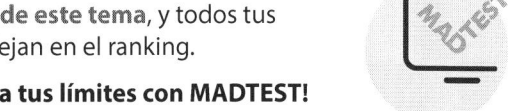

En MADTEST tienes **más preguntas de este tema,** y todos tus avances quedan registrados y se reflejan en el ranking.

**¡Supera tus límites con MADTEST!**

# Solución al test n.º 12

**1**. d) Las respuestas a) y b) son correctas.

**2**. a) Se refiere a él como un patrón repetitivo y persistente de comportamiento.

**3**. b) Dificultades académicas.

**4**. a) El TDAH.

**5**. b) La hiperactividad característica de estos niños está relacionada con la falta de atención y la impulsividad que definen el trastorno

**6**. a) Dificultad para mantener la atención de forma continuada.

**7**. d) A pesar de ser la característica más llamativa, no es la más definitoria del trastorno, ya que tiende a desaparecer con la edad.

**8**. a) Su conducta social puede repercutir negativamente en su autoestima.

**9**. b) La persistencia y estabilidad de la conducta.

**10**. c) Agresión manipulativa y agresión hostil.

**11**. d) Las respuestas b) y c) son correctas.

**12**. c) Se caracteriza, entre otros síntomas, por la agresión a personas y animales y la destrucción de la propiedad.

**13**. d) Todas las opciones con correctas.

**14**. a) Incapacidad para hablar en determinadas situaciones sociales definidas y previsibles.

**15**. c) Movimientos voluntarios repetitivos que no tienen ninguna función.

**El desarrollo de la comunicación. Habilidades de comunicación del alumnado con necesidades educativas especiales. Principales sistemas de la comunicación aumentativa y alternativa**

**1. La comunicación**:

a) Siempre lleva implícito el uso del lenguaje oral.
b) Es el acto de transmitir un mensaje a otra persona.
c) Incluye gestos como señalar un objeto, pero nunca las expresiones faciales.
d) Todas las respuestas son correctas.

**2. La comunicación se caracteriza por**:

a) Ser una actividad no intencionada de relación.
b) Realizarse por medio de actos instrumentales.
c) Su estabilidad, estructura y carácter pautado y dinámico.
d) Ser un proceso que se desarrolla durante la adolescencia.

**3. El lenguaje se puede definir como**:

a) El acto de transmitir un mensaje un individuo a otro, sea cual sea el medio usado.
b) Un conjunto convencional de signos arbitrarios y un conjunto de reglas para combinar esos signos con el fin de comunicar ideas acerca del mundo con un propósito comunicativo.
c) La representación gráfica, hablada o manual de objetos o acciones.
d) La forma articulada y sonora del sistema de comunicación.

**4. Un gesto de despedida se puede considerar como un modo de comunicación**:

a) Verbal y vocal.
b) Verbal y no vocal.
c) No verbal y vocal.
d) No verbal y no vocal.

**5. Un ejemplo de comunicación verbal y no vocal sería:**

a) Un dibujo.
b) Un grito de alegría.
c) El código Morse.
d) Todas son correctas.

**6. Las habilidades de comunicación:**

a) Preceden a la aparición del lenguaje hablado.
b) Tienen lugar en un contexto de relación social.
c) No se desarrollan hasta después de que aparezca el lenguaje hablado.
d) Las respuestas a) y b) son correctas.

**7. El modelo instrumental del lenguaje se refiere:**

a) Al uso del lenguaje como medio para controlar la conducta de los otros.
b) Al uso del lenguaje en la interacción entre los demás y yo.
c) Al uso del lenguaje como medio para que las cosas se realicen.
d) Todas son correctas.

**8. El modelo que concibe el lenguaje como medio para investigar y conocer la realidad se denomina:**

a) Modelo heurístico.
b) Modelo personal.
c) Modelo informativo.
d) Modelo imaginativo.

**9. Un sistema alternativo de comunicación se define como:**

a) Aquel que sustituye al lenguaje oral cuando este no es comprensible o está ausente.
b) Aquel que pretende complementar al lenguaje oral en los casos en que, por sí solo, no es suficiente para establecer una comunicación efectiva con el entorno.
c) Las respuestas a) y b) son correctas.
d) Ninguna de las anteriores.

**10. ¿Qué grupos se consideran usuarios potenciales de SAC?**

a) Alumnos con autismo.
b) Personas con discapacidad auditiva.
c) Personas con discapacidad intelectual.
d) Todas son correctas.

**11. Antes de elegir un sistema aumentativo o alternativo de comunicación hay que contemplar**:

a) Características generales del sistema.
b) Nivel de abstracción que exige el sistema.
c) Saturación (si la saturación es muy baja el sistema tendrá posibilidades de uso que se agotarán fácilmente).
d) Todas son correctas.

**12. En el sistema Bliss, los símbolos que no recuerdan a la imagen que representan, pero pueden evocar el concepto racionalmente se denominan**:

a) Símbolos pictográficos.
b) Símbolos ideográficos.
c) Símbolos arbitrarios.
d) Símbolos internacionales.

**13. En el sistema Bliss los símbolos que representan verbos ¿de qué color son?**

a) Verde.
b) Rojo.
c) Azul.
d) Amarillo.

**14. Señala cuál de los siguientes productos es un producto de apoyo a la comunicación**:

a) Tablero o cuaderno de comunicación.
b) Comunicador portátil.
c) Step by step.
d) Todas son correctas.

**15. ¿Qué sistema transforma los movimientos que realiza el usuario con su cabeza, en movimientos del puntero?**

a) El ratón de cabeza.
b) El step by step.
c) El teclado virtual.
d) Todas son correctas.

En MADTEST tienes **más preguntas de este tema**, y todos tus avances quedan registrados y se reflejan en el ranking.

**¡Supera tus límites con MADTEST!**

# Solución al test n.º 13

**1.** b) Es el acto de transmitir un mensaje a otra persona.

**2.** c) Su estabilidad, estructura y carácter pautado y dinámico.

**3.** b) Un conjunto convencional de signos arbitrarios y un conjunto de reglas para combinar esos signos con el fin de comunicar ideas acerca del mundo con un propósito comunicativo.

**4.** d) No verbal y no vocal.

**5.** c) El código Morse.

**6.** d) Las respuestas a) y b) son correctas.

**7.** c) Al uso del lenguaje como medio para que las cosas se realicen.

**8.** a) Modelo heurístico.

**9.** a) Aquel que sustituye al lenguaje oral cuando este no es comprensible o está ausente.

**10.** d) Todas son correctas.

**11.** d) Todas son correctas.

**12.** b) Símbolos ideográficos.

**13.** a) Verde.

**14.** d) Todas son correctas.

**15.** a) El ratón de cabeza.

## Productos de apoyo para el alumnado con necesidades educativas especiales

**1. ¿Qué norma se utiliza para clasificar los productos de apoyo y utilizar una terminología internacionalmente reconocida?**

a) DSM-5.
b) CIE-10.
c) UNE-EN ISO 9999.
d) ISO-9000.

**2. Los amplificadores de estímulos suponen una ayuda técnica básica para los alumnos que presentan discapacidad:**

a) Motórica.
b) Visual.
c) Auditiva.
d) Conductual.

**3. La utilización del ordenador en el campo de la discapacidad auditiva se concreta en:**

a) Enseñanza del lenguaje oral.
b) Ayuda a la lectura labiofacial.
c) Diseño de sistemas de comunicación remota.
d) Enseñanza del lenguaje oral, ayuda a la lectura labiofacial y diseño de sistemas de comunicación remota.

**4. Las dificultades de aprendizaje por problemas para acceder a las experiencias de enseñanza y aprendizaje que pueden tener los alumnos con discapacidad son de tipo:**

a) Físicas.
b) Materiales.

c) De comunicación.
d) Todas son correctas.

**5. La anchura suficiente de las puertas para facilitar el acceso a personas con sillas de ruedas será aproximadamente:**

a) De 60 cm.
b) De 90 cm.
c) De 75 cm.
d) De 80 cm.

**6. Entre las ayudas técnicas básicas para las personas con discapacidades auditivas se encuentra:**

a) Relés acústicos.
b) Amplificadores de estímulos.
c) Minimouse.
d) Las respuestas a) y b) son correctas.

**7. El aparato ultrasónico que sirve para la detección de obstáculos situados hasta una distancia de 2 metros se denomina:**

a) Pathsounder.
b) Kapten Mobility.
c) Punzón borrador.
d) Ninguna es correcta.

**8. Una especie de bolígrafo que permite detectar fuentes de luz, tonalidades de sombras es el denominado:**

a) Braillex.
b) Optacón.
c) Photadon.
d) Enhebrador.

**9. Los productos de apoyo que disminuyen el potencial agresivo y evolutivo de una enfermedad y previenen deformidades, se denominan:**

a) Preventivos.
b) Facilitadores.
c) Compensadores.
d) Primarios.

**10.** **Los productos de apoyo que aumentan las capacidades funcionales de las personas con discapacidad se denominan:**

a) Preventivos.
b) Facilitadores.
c) Compensadores.
d) Primarios.

**11.** **Señala la afirmación correcta sobre el uso del bastón:**

a) El bastón se lleva en el lado opuesto a la pierna que presenta la dolencia y debe tener la altura aproximada del pecho.
b) El bastón se lleva en el mismo lado de la pierna que presenta la dolencia y debe tener la altura aproximada de la cadera.
c) El bastón se lleva en el lado opuesto a la pierna que presenta la dolencia y debe tener la altura aproximada de la cadera.
d) El bastón se lleva en el mismo lado de la pierna que presenta la dolencia y debe tener la altura aproximada del pecho.

**12.** **El uso del bastón está contraindicado en el caso de:**

a) Lesión unilateral.
b) Pérdida del equilibrio.
c) Problemas inflamatorios de una articulación que causa dolor al apoyarse y precisa de descarga.
d) Afectación bilateral.

**13.** **Las muletas de Lofstrand son:**

a) Muletas para antebrazo.
b) Muletas de plataforma.
c) Muletas axilares.
d) Muletas tipo trípode.

**14.** **Las grúas de traslado o elevadoras sirven fundamentalmente para:**

a) Trasladar a las personas totalmente dependientes de la cama a la silla de ruedas y al baño y viceversa.
b) Trasladar a las personas totalmente dependientes por la ciudad.
c) Trasladar a las personas totalmente dependientes desde un piso inferior al superior, o viceversa.
d) Salvar desniveles (tipo escalón) cuando desplazamos a una persona dependiente en silla de ruedas.

**15.** **El entrenamiento de las personas con discapacidad visual en las técnicas de deambulación con bastón es responsabilidad de:**

a) El educador/a de educación especial.

b) La ONCE, que cuenta con Servicios de Rehabilitación Integral (SRI) que trabajan en coordinación con los Equipos Específicos de Atención Educativa.

c) La familia.

d) El profesor de apoyo.

En MADTEST tienes **más preguntas de este tema**, y todos tus avances quedan registrados y se reflejan en el ranking.

**¡Supera tus límites con MADTEST!**

**1**. c) UNE-EN ISO 9999.

**2**. c) Auditiva.

**3**. d) Enseñanza del lenguaje oral, ayuda a la lectura labiofacial y diseño de sistemas de comunicación remota.

**4**. d) Todas son correctas.

**5**. b) De 90 cm.

**6**. d) Las respuestas a) y b) son correctas.

**7**. a) Pathsounder.

**8**. c) Photadon.

**9**. a) Preventivos.

**10**. b) Facilitadores.

**11**. c) El bastón se lleva en el lado opuesto a la pierna que presenta la dolencia y debe tener la altura aproximada de la cadera.

**12**. d) Afectación bilateral.

**13**. a) Muletas para antebrazo.

**14**. a) Trasladar a las personas totalmente dependientes de la cama a la silla de ruedas y al baño y viceversa.

**15**. b) La ONCE, que cuenta con Servicios de Rehabilitación Integral (SRI) que trabajan en coordinación con los Equipos Específicos de Atención Educativa.

**Intervención de la educadora o educador de educación especial en la aplicación de programas específicos de autonomía personal. Programas relacionados con los hábitos de alimentación, con el control de esfínteres y en programas de higiene y aseo personal**

**1. Una conducta que se realiza de forma continua sin que exista un control externo (premios o castigos) se denomina:**

a) Habilidad.
b) Rutina.
c) Hábito.
d) Actitud.

**2. Las capacidades físicas, cognitivas o motrices que la persona necesita para realizar una conducta con éxito se denominan:**

a) Habilidades.
b) Rutinas.
c) Hábitos.
d) Actitudes.

**3. La principal forma de adquisición de los hábitos es:**

a) La imitación.
b) El desarrollo madurativo.
c) La descripción verbal de los pasos a seguir.
d) El refuerzo combinado con el castigo cuando sea necesario.

**4. Como consejo metodológico a la hora de desarrollar hábitos en el alumno debemos tener en cuenta:**

a) Partir de la capacidad y habilidades que tiene el niño.
b) El modelado será más efectivo cuanto menor sea la conexión afectiva entre el niño y el adulto.
c) El adulto debe mostrarse autoritario para un mejor aprendizaje de hábitos.
d) Todas son correctas.

**5. La Ley 39/2006, de 14 de diciembre, de Promoción de la Autonomía Personal y Atención a las personas en situación de dependencia considera como Actividad Básica de la Vida Diaria (ABVD):**

a) El cuidado personal.
b) La movilidad esencial.
c) Ejecutar órdenes o tareas sencillas.
d) Todas las respuestas anteriores son correctas.

**6. Una persona que requiere ayuda para realizar varias actividades básicas de la vida diaria dos o tres veces al día, pero no necesita la presencia permanente de un cuidador o tiene necesidades de apoyo extenso para su autonomía personal tiene un grado de dependencia:**

a) Según los parámetros especificados en la legislación vigente no se considera dependencia.
b) Grado I. Dependencia moderada.
c) Grado II. Dependencia severa.
d) Grado III. Gran dependencia.

**7. Uno de los aspectos a tener en cuenta en la realización y aplicación de un programa de habilidades de autonomía personal es:**

a) El educador debe tener un conocimiento exacto de las habilidades y capacidades de cada alumno.
b) Debemos partir de las capacidades que tiene el alumno.
c) A la hora de programar las actividades y aprendizajes debe primar como objetivo principal conseguir la autonomía plena del niño o el grado más alto posible.
d) Todas las respuestas anteriores son correctas.

**8. Para poder llevar a cabo un programa específico destinado a conseguir una mayor independencia, el educador/a de educación especial:**

a) Debe plantearse los objetivos partiendo de las capacidades que tiene el niño.
b) Fijará unos objetivos comunes según la edad cronológica del niño.
c) Debe realizar las tareas que el niño no sepa hacer. Es más rápido que ayudarlo.
d) Las respuestas b) y c) son correctas.

**9. Es importante desarrollar una serie de pautas de higiene personal que orienten al niño hacia unas normas básicas de aseo, porque:**

a) Supone un ahorro económico considerable.
b) Libera al Educador de Educación Especial de una carga extra de trabajo.
c) Es lo correcto socialmente.
d) Es una de las maneras de conservar la salud y de prevenir muchas enfermedades.

**10. La iniciación del niño en su aseo personal:**

a) Corre a cargo de las personas más cercanas, como puede ser la familia.
b) Es una función exclusiva del Educador de Educación Especial.

c) Debe hacerse de forma coordinada y siguiendo el mismo programa en casa (por la familia) y en el centro educativo (por el Educador de EE).

d) Debe iniciarse en el centro escolar, y solo cuando se consigan unos adecuados hábitos de higiene en el centro educativo, se iniciará en el domicilio familiar.

**11. El momento de iniciar la educación del niño en su aseo personal es:**

a) A la edad de 5 años.
b) Cuando la intervención educativa ha hecho que desaparezca la discapacidad del niño.
c) Desde el momento del nacimiento.
d) Cuando el niño adquiera una madurez adecuada y comience a desarrollar ciertas habilidades con autonomía.

**12. Como medio favorecedor para que el niño se acostumbre a bañarse, podemos:**

a) Utilizar actividades de juego, permitiéndole que meta juguetes en el baño.
b) Bañarlo cada día a una hora diferente, así no sabe en qué momento vamos a bañarlo y evitamos la ansiedad previa.
c) Dejarlo solo en la bañera para que se sienta más independiente.
d) Todas son correctas.

**13. El niño puede coger fobia al baño si:**

a) Desarrollamos el hábito de aseo personal como una necesidad.
b) Desarrollamos el hábito de aseo personal como una imposición.
c) Lo realizamos siempre a la misma hora.
d) No le permitimos quedarse solo durante el baño en ningún momento.

**14. Para dar una mayor autonomía de movimiento sin que al niño le suponga mucho esfuerzo, es aconsejable:**

a) Que lo seque el Educador de EE.
b) Que utilice una toalla grande.
c) Que utilice varias toallas pequeñas.
d) Que utilice un secador de aire.

**15. La educación en la limpieza de manos y cara debe iniciarse:**

a) A los cinco o seis años.
b) Cuando el niño ya es autónomo en el baño.
c) Lo más pronto posible.
d) Cuando el niño ha adquirido el control de esfínteres.

En MADTEST tienes **más preguntas de este tema,** y todos tus avances quedan registrados y se reflejan en el ranking.

**¡Supera tus límites con MADTEST!**

# Solución al test n.º 15

**1**. c) Hábito.

**2**. a) Habilidades.

**3**. a) La imitación.

**4**. a) Partir de la capacidad y habilidades que tiene el niño.

**5**. d) Todas las respuestas anteriores son correctas.

**6**. c) Grado II. Dependencia severa.

**7**. d) Todas las res0puestas anteriores son correctas.

**8**. a) Debe plantearse los objetivos partiendo de las capacidades que tiene el niño.

**9**. d) Es una de las maneras de conservar la salud y de prevenir muchas enfermedades.

**10**. c) Debe hacerse de forma coordinada y siguiendo el mismo programa en casa (por la familia) y en el centro educativo (por el educador).

**11**. d) Cuando el niño adquiera una madurez adecuada y comience a desarrollar ciertas habilidades con autonomía.

**12**. a) Utilizar actividades de juego, permitiéndole que meta juguetes en el baño.

**13**. b) Desarrollamos el hábito de aseo personal como una imposición.

**14**. b) Que utilice una toalla grande.

**15**. c) Lo más pronto posible.

**Desarrollo de la autonomía social. Habilidades básicas de interacción social del alumnado con necesidades educativas especiales. Intervención de la educadora o educador de educación especial en la aplicación de programas específicos de autonomía social**

**1. Las habilidades sociales son importantes porque:**

a) Se considera como un requisito fundamental para una buena adaptación a la vida.
b) Los niños que carecen de adecuados comportamientos sociales experimentan aislamiento y rechazo por parte de los compañeros.
c) Permiten que el niño asimile los papeles y normas sociales.
d) Todas son correctas.

**2. La capacidad para comportarse de una forma que es recompensada y de no comportarse de forma que uno sea castigado o ignorado por los demás, se conoce como:**

a) Asertividad.
b) Habilidades sociales.
c) Competitividad social.
d) Todas son correctas. Son términos sinónimos.

**3. Las habilidades sociales:**

a) Se adquieren principalmente a través del aprendizaje.
b) Son innatas y no pueden modificarse con el aprendizaje.
c) Hacen que el individuo obtenga menor reforzamiento social.
d) Las respuestas b) y c) son correctas.

**4. Las habilidades sociales:**

a) Incluyen los comportamientos verbales, pero excluyen los no verbales.
b) Incluyen los comportamientos no verbales, pero excluyen los verbales.
c) Incluyen los comportamientos verbales y los no verbales.
d) No incluyen ni comportamientos verbales, ni no verbales, tan solo se refiere a los gestos de saludo y de despedida.

**5. El retraimiento social infantil se ha asociado con:**

a) Diversos grados de psicopatología infantil.
b) El tabaquismo de los progenitores.
c) El retraso en el crecimiento físico.
d) La disfunción eréctil cuando el sujeto llega a la vejez.

**6. Los investigadores han definido al niño no asertivo como un niño:**

a) Inquieto y revoltoso.
b) Con bajo rendimiento escolar.
c) Que siempre es el líder del grupo al que pertenece.
d) Pasivo y tímido.

**7. Los niños con excesos conductuales suelen ser:**

a) Niños que se aíslan.
b) Agresivos.
c) Letárgicos.
d) Excesivamente tímidos.

**8. Las habilidades sociales afectan a:**

a) Las relaciones con los compañeros.
b) La atención positiva del maestro hacia el niño.
c) El reforzamiento de los profesores y educadores hacia el niño.
d) Todas son correctas.

**9. La evaluación inicial antes de aplicar un programa de habilidades sociales, nos sirve para:**

a) Valorar la efectividad del programa.
b) Identificar y especificar las áreas sociales problemáticas.
c) Evaluar el progreso del niño durante el programa.
d) Todas son correctas.

**10. Una de las técnicas más utilizadas para identificar los comportamientos sociales problemáticos ha sido:**

a) El cuestionario sociométrico.
b) La observación directa.
c) Los exámenes orales.
d) Todas son correctas.

**11. Los programas de habilidades básicas de interacción social se suelen aplicar:**

a) Individualmente.
b) En grupo.

c) Indistintamente de forma individual o en grupo.

d) No existen este tipo de programas.

**12. Los efectos de la imitación utilizada para la adquisición de comportamientos socialmente válidos, se pueden intensificar:**

a) Proporcionando múltiples modelos que realicen los comportamientos deseados.

b) Proporcionando múltiples modelos que realicen los comportamientos opuestos a los deseados.

c) Proporcionando un solo modelo, y siempre el mismo que realice los comportamientos deseados.

d) Proporcionando un solo modelo, y siempre el mismo que realice los comportamientos opuestos a los deseados.

**13. El proceso a través del cual las respuestas aumentan de frecuencia porque son seguidas por una recompensa o suceso favorable, se denomina:**

a) Moldeamiento.

b) Modelamiento.

c) Reforzamiento positivo.

d) Soborno.

**14. Cuando un comportamiento es reforzado solo de vez en cuando, se denomina:**

a) Reforzamiento continuo.

b) Reforzamiento no reforzado.

c) Reforzamiento intermitente.

d) Reforzamiento ocasional.

**15. El proceso que consiste en reforzar las aproximaciones a los comportamientos finales que deseamos que se desarrollen se conoce con el término:**

a) Reforzamiento positivo.

b) Reforzamiento negativo.

c) Moldeamiento.

d) Imitación.

En MADTEST tienes **más preguntas de este tema**, y todos tus avances quedan registrados y se reflejan en el ranking.

**¡Supera tus límites con MADTEST!**

# Solución al test n.º 16

**1**. d) Todas son correctas.

**2**. b) Habilidades sociales.

**3**. a) Se adquieren principalmente a través del aprendizaje.

**4**. c) Incluyen los comportamientos verbales y los no verbales.

**5**. a) Diversos grados de psicopatología infantil.

**6**. d) Pasivo y tímido.

**7**. b) Agresivos.

**8**. d) Todas son correctas.

**9**. b) Identificar y especificar las áreas sociales problemáticas.

**10**. b) La observación directa.

**11**. c) Indistintamente de forma individual o en grupo.

**12**. a) Proporcionando múltiples modelos que realicen los comportamientos deseados.

**13**. c) Reforzamiento positivo.

**14**. c) Reforzamiento intermitente.

**15**. c) Moldeamiento.

**El papel de la educadora o educador de educación especial en los desplazamientos necesarios del alumnado con necesidades educativas especiales. Seguimiento de las tareas de higiene y de alimentación en los periodos de esparcimiento y comedor. Participación en las actividades complementarias y extraescolares**

**1. ¿A qué concepto corresponde la siguiente definición: "Son establecidas dentro del horario lectivo de permanencia obligada del alumnado en el centro y relacionadas directamente con el desarrollo del currículo como complemento de la actividad escolar, en las cuales pueda participar el conjunto de alumnado del grupo, curso, ciclo, nivel o etapa. Estas actividades serán, con carácter general, gratuitas y, en todo caso, no tendrán carácter lucrativo, y se garantizará que ninguna alumna o alumno quede excluido de su participación por motivos económicos o de cualquier otro tipo?"**

a) Actividades escolares complementarias.
b) Actividades extraescolares complementarias.
c) Actividades extraescolares.
d) Actividades optativas.

**2. Todas las siguientes son características de las actividades escolares complementarias excepto:**

a) Son obligatorias para el alumnado.
b) Forman parte del currículo.
c) Son evaluables.
d) No están dentro del horario lectivo.

**3. ¿Cuál no es una característica de las actividades escolares complementarias?**

a) Carecen de carácter lucrativo.
b) Aparecen reflejadas en las Programaciones y en la PGA.
c) Aunque obligatorias, los padres o tutores legales pueden negarse a que las realice su hijo/a.
d) Todas lo son.

**4.** **"No tienen carácter lucrativo, son voluntarias para las familias y no pueden contener enseñanzas incluidas en las programaciones didácticas de cada curso escolar ni ser susceptibles de evaluación a efectos académicos del alumnado". Se trata de actividades**:

a) Lectivas.
b) Curriculares.
c) Extraescolares.
d) Complementarias.

**5.** **¿Cuál de las siguientes NO es una característica de las actividades extraescolares?**

a) La mayoría tienen un coste económico y están fuera del ámbito docente.
b) No son realizadas por el equipo docente del centro.
c) Necesitan de la aprobación del Consejo Escolar del centro y están recogidas en la PGA.
d) Necesitan de la autorización de los Servicios Territoriales correspondientes.

**6.** **Señala la opción que no se corresponde con una característica de las actividades extraescolares**:

a) Pueden realizarse durante el horario lectivo.
b) Tienen finalidad educativa.
c) No tendrán ánimo de lucro.
d) Los centros gozan de total autonomía para establecerlas.

**7.** **La programación general anual incluye todo lo siguiente excepto**:

a) Los planes o programas bilingües/plurilingües según CC AA.
b) El programa anual de actividades extraescolares y servicios complementarios.
c) Los criterios de evaluación.
d) El proyecto educativo o las modificaciones del ya establecido.

**8.** **Los principios básicos por los que se rige la actuación del Educador/a de EE son**:

a) Normalización e inclusión.
b) Normalización e integración.
c) Integración e inclusión.
d) Sectorización e integración.

**9.** **El ámbito de actuación de los Educadores/as de EE el cualquiera de los siguientes excepto**:

a) Centros de Educación Especial.
b) Centros Ordinarios que escolaricen alumnos con necesidades educativas específicas asociadas a discapacidad.

c) Entornos lúdicos.
d) Entornos residenciales.

**10. En relación con los ámbitos de actuación del educador/a, señala la opción incorrecta:**

a) Las habilidades de utilización de la comunidad implican la capacidad de utilizar servicios, instalaciones, vías públicas, entidades culturales, financieras.
b) Las habilidades académicas y funcionales implican la capacidad de comprender y expresar información a través de códigos simbólicos.
c) Las habilidades sociales afectan a las interacciones, la expresión y reconocimiento de necesidades, afectos o intereses.
d) Las habilidades de cuidado personal implican el aseo, alimentación, vestido, apariencia personal, transferencia y movilizaciones.

**11. En la realización de las actividades influyen todos los aspectos físicos del alumno siguientes excepto:**

a) Limitaciones sensoriales.
b) Deterioro de los sistemas biológicos orgánicos.
c) Sexo.
d) Edad.

**12. Entre las variables del ambiente social que influyen en el alumno con NEE que precisa un Educador/a NO se encuentran:**

a) Recursos y estatus socioeconómico.
b) Modelos sociales del entorno.
c) Expectativas.
d)  Exceso de protección.

**13. Como líneas metodológicas a seguir para el acompañamiento en actividades se pueden enunciar las siguientes excepto:**

a) Planificar la rehabilitación de destrezas que aumenten la autonomía.
b) Transmitir altas expectativas y una visión positiva de las capacidades.
c) Realizar las actividades que él mismo pueda realizar.
d) Suministrar los apoyos personales o ayudas técnicas.

**14. Los niños con discapacidad visual suelen tener una movilidad reducida, porque:**

a) Suelen tener disminuidas sus capacidades psíquicas.
b) La ceguera lleva aparejados problemas en el ámbito motor.

c) La falta de visión dificulta la orientación y, consecuentemente, la capacidad para desplazarse.

d) Las respuestas b) y c) son correctas.

**15. En el caso del niño con discapacidad visual, la supresión de barreras arquitectónicas implica:**

a) La utilización de rampas para acceder al centro educativo.

b) Accesos amplios que permitan el paso sin dificultad.

c) La utilización de dispositivos luminosos, como los que se aplican a los teléfonos para indicar que alguien llama.

d) La utilización de dispositivos sonoros, como los semáforos que emiten un sonido para indicar que se puede cruzar.

En MADTEST tienes **más preguntas de este tema**, y todos tus avances quedan registrados y se reflejan en el ranking.

**¡Supera tus límites con MADTEST!**

# Solución al test n.º 17

**1**. a) Actividades escolares complementarias.

**2**. d) No están dentro del horario lectivo.

**3**. d) Todas lo son.

**4**. c) Extraescolares.

**5**. d) Necesitan de la autorización de los Servicios Territoriales correspondientes.

**6**. a) Pueden realizarse durante el horario lectivo.

**7**. c) Los criterios de evaluación.

**8**. a) Normalización e inclusión.

**9**. c) Entornos lúdicos.

**10**. b) Las habilidades académicas y funcionales implican la capacidad de comprender y expresar información a través de códigos simbólicos.

**11**. c) Sexo.

**12**. a) Recursos y estatus socioeconómico.

**13**. c) Realizar las actividades que él mismo pueda realizar.

**14**. c) La falta de visión dificulta la orientación y, consecuentemente, la capacidad para desplazarse.

**15**. d) La utilización de dispositivos sonoros, como los semáforos que emiten un sonido para indicar que se puede cruzar.

# TEST N.º 18

**Transición en la vida adulta del alumnado con necesidades educativas especiales. Intervención de la educadora o educador de educación especial en los programas de transición en la vida adulta de este alumnado**

**1. Las enseñanzas del período de formación para la transición a la vida adulta y laboral podrán organizarse a través de**:

a) Programas específicos de Formación Profesional Básica para el alumnado con necesidades educativas especiales.

b) Programas de Formación para la Transición a la Vida Adulta y Laboral.

c) Programas en centros de empleo protegido.

d) Las respuestas a) y b) son correctas.

**2. Uno de los objetivos de los programas de formación para la transición a la vida adulta es**:

a) Consolidar y desarrollar las capacidades del alumnado y promover el mayor grado posible de autonomía personal y social.

b) Mantener y aplicar a la vida cotidiana las competencias clave básicas adquiridas en las etapas correspondientes a la enseñanza básica obligatoria.

c) Fomentar la participación del alumnado en todos los ámbitos en que se desarrolla la vida adulta.

d) Todas son correctas.

**3. Los programas correspondientes al período de formación para la transición a la vida adulta y laboral están destinados a**:

a) Los jóvenes que habiendo terminado la educación secundaria obligatoria no hayan obtenido evaluación positiva en al menos 4 materias.

b) Todos los jóvenes mayores de 16 años con discapacidad.

c) Los jóvenes que hayan finalizado la formación básica de carácter obligatorio en un aula o en un centro específico de educación especial con adaptaciones muy significativas del currículo.

d) Todos los alumnos que hayan finalizado la educación primaria con evaluación positiva en todas las materias.

**4. Los Programas de Formación para la Transición a la Vida Adulta y Laboral se organizan en:**

a) Un solo ciclo formado por dos cursos.
b) Un solo ciclo formado por tres cursos.
c) Dos ciclos formados por dos cursos cada uno de ellos.
d) Dos ciclos, formado por tres cursos el primero y por un curso, el segundo.

**5. El currículo de los Programas de Formación para la Transición a la Vida Adulta y Laboral se estructura en:**

a) Ámbitos de experiencia.
b) Asignaturas.
c) Áreas.
d) Materias.

**6. Los Programas de Formación para la Transición a la Vida Adulta y Laboral se podrán impartir en los siguientes centros excepto en uno; ¿cuál?**

a) Centros específicos de educación especial.
b) Centros de educación primaria que escolaricen a alumnado con necesidades educativas especiales.
c) Institutos de educación secundaria.
d) Centros privados con los que se haya formalizado el correspondiente concierto educativo.

**7. La tutoría de los diferentes grupos de alumnos de los Programas de Formación para la Transición a la Vida Adulta y Laboral será asumida preferentemente por:**

a) Un Profesor Técnico de Formación Profesional.
b) El personal especialista de Pedagogía Terapéutica.
c) El orientador o de los equipos de orientación educativa y psicopedagógica.
d) Todas son correctas.

**8. Los Programas de Formación para la Transición a la Vida Adulta y Laboral se organizan por:**

a) Áreas.
b) Materias.
c) Bloques.
d) Ámbitos de experiencia y por módulos.

**9. El responsable de la docencia del ámbito de orientación y formación laboral es:**

a) Un Profesor Técnico de Formación Profesional.
b) Un Maestro especialista de Educación Especial.

c) El orientador o de los equipos de orientación educativa y psicopedagógica.

d) Todas son correctas.

**10. Indica cuál de los siguientes no es un objetivo del ámbito de autonomía personal en la vida diaria:**

a) Tener una imagen ajustada y positiva de sí mismo y una actitud de aceptación hacia los demás.

b) Utilizar distintos medios de transporte de uso público interpretando códigos y desarrollando estrategias de orientación espacial y temporal para acceder a diferentes lugares con garantía suficiente de seguridad.

c) Adquirir las habilidades necesarias para desenvolverse en las actividades de la vida diaria, relacionadas con las compras y el manejo de dinero, la alimentación, vestido y mantenimiento del hogar, etc.

d) Valorar los aspectos vinculados a la salud, la seguridad y el equilibrio afectivo y sexual, necesarios para llevar una vida con la mayor calidad y autonomía posible.

**11. Indica cuál de los siguientes no es un objetivo del ámbito de integración social y comunitaria:**

a) Conocer y controlar el propio cuerpo, adecuándolo a la expresión de sentimientos y emociones, movilidad y desplazamientos, y a la interacción con las demás personas.

b) Conocer y utilizar los recursos, los equipamientos y los servicios existentes en la comunidad para cubrir las necesidades propias, así como los requisitos necesarios para su uso, adecuando su comportamiento a las normas establecidas y apreciando los valores que las rigen.

c) Conocer y poner en práctica normas básicas de educación vial, valorando la importancia que tiene el respetarlas e identificando las principales causas de accidentabilidad.

d) Organizar y utilizar el tiempo libre como medio de desarrollo y de disfrute personal, seleccionando, de acuerdo con sus gustos personales y con su juicio crítico entre las diferentes opciones que se le ofertan.

**12. ¿De cuántos módulos se compone el ámbito de integración social y comunitaria?**

a) De 2.

b) De 3.

c) De 4.

d) De 5.

**13. ¿De cuántos módulos se compone el ámbito de habilidades y destrezas laborales?**

a) De 2.

b) De 3.

c) De 4.

d) De 5.

**14. En la utilización de los entornos, el diseño de actividades o las maneras de dirigirse al alumnado de los Programas de Formación para la Transición a la Vida Adulta y Laboral, es preciso adecuarse:**

a) A su edad cronológica.

b) A su edad mental.

c) A la edad media de los alumnos que forman parte del programa.

d) A ninguna de ellas.

**15. Señala la respuesta incorrecta sobre la metodología que se utiliza en los Programas de Formación para la Transición a la Vida Adulta y Laboral:**

a) Para garantizar la funcionalidad de los aprendizajes se procurará que estos sean relevantes y significativos para el alumno.

b) Los aprendizajes se diversificarán de tal manera que el alumno sea capaz de aplicar la propia actividad a diversas realidades.

c) No se debe utilizar el aprendizaje cooperativo, pues no sería efectivo en los alumnos con discapacidad debido a sus dificultades para la interacción social.

d) Las actividades y estrategias estarán secuenciadas y estructuradas en pequeños pasos, y apoyadas mediante modelos, modelado, encadenamiento hacia atrás, aproximaciones sucesivas, sensibilización y desensibilización sistemática, etc.

En MADTEST tienes **más preguntas de este tema**, y todos tus avances quedan registrados y se reflejan en el ranking.

**¡Supera tus límites con MADTEST!**

# Solución al test n.º 18

**1**. d) Las respuestas a) y b) son correctas.

**2**. d) Todas son correctas.

**3**. c) Los jóvenes que hayan finalizado la formación básica de carácter obligatorio en un aula o en un centro específico de educación especial con adaptaciones muy significativas del currículo.

**4**. a) Un solo ciclo formado por dos cursos.

**5**. a) Ámbitos de experiencia.

**6**. b) Centros de educación primaria que escolaricen a alumnado con necesidades educativas especiales.

**7**. b) El personal especialista de Pedagogía Terapéutica.

**8**. d) Ámbitos de experiencia y por módulos.

**9**. a) Un Profesor Técnico de Formación Profesional.

**10**. b) Utilizar distintos medios de transporte de uso público interpretando códigos y desarrollando estrategias de orientación espacial y temporal para acceder a diferentes lugares con garantía suficiente de seguridad.

**11**. a) Conocer y controlar el propio cuerpo, adecuándolo a la expresión de sentimientos y emociones, movilidad y desplazamientos, y a la interacción con las demás personas.

**12**. c) De 4.

**13**. b) De 3.

**14**. a) A su edad cronológica.

**15**. c) No se debe utilizar el aprendizaje cooperativo, pues no sería efectivo en los alumnos con discapacidad debido a sus dificultades para la interacción social.

**Técnicas de prevención de accidentes y primeros auxilios al alumnado con necesidades educativas especiales. Conocimiento de las curas auxiliares. Medidas higiénicas de carácter general**

**1. Ante una emergencia sanitaria, el orden en que se deben valorar las funciones vitales es:**

a) Primero la consciencia, luego la respiración y después la circulación.
b) Primero la respiración, luego la circulación y finalmente la consciencia.
c) Primero la circulación, luego la conciencia y después la respiración.
d) Primero la consciencia, luego la circulación y finalmente la respiración.

**2. En un niño que está consciente, respira y tiene signos de circulación, son datos que sugieren gravedad todos los siguientes, excepto uno:**

a) La frialdad extrema de la piel.
b) El llanto fuerte.
c) La respiración muy acelerada o muy lenta.
d) La coloración azulada.

**3. Para comprobar si un lactante está consciente o inconsciente, se debe proceder a:**

a) Colocarle un termómetro y medir su temperatura.
b) Observar la coloración de su piel.
c) Gritarle, llamándolo, y estimularlo, con golpecitos o pellizcos en hombros, brazos o plantas de los pies.
d) Contar su número de respiraciones por minuto.

**4. Si se comprueba que un niño no responde (no se mueve, no llora, no habla, etc.) cuando se le estimula, lo que debe hacerse de inmediato es:**

a) Gritar solicitando ayuda a las personas de alrededor y, de inmediato, abrir la vía aérea.
b) Iniciar masaje cardíaco.
c) Salir corriendo en busca de ayuda.
d) Dejarlo descansar unos minutos.

**5. En las personas inconscientes debe abrirse la vía aérea. Para ello, generalmente se recurre a la maniobra:**

a) De Heimlich.
b) De Blumberg.
c) De Kernig.
d) Frente-mentón.

**6. La maniobra frente-mentón provoca la extensión del cuello; señala la respuesta más correcta:**

a) Dicha extensión debe ser moderada en niños pequeños.
b) La extensión debe ser neutra en los lactantes.
c) La extensión del cuello en los adultos debe ser máxima.
d) Todas las respuestas anteriores son ciertas.

**7. En el niño inconsciente, una vez abierta la vía aérea, se debe comprobar la respiración. Para hacerlo correctamente es apropiado recordar las palabras:**

a) Gritar y sacudir (estimular).
b) Buscar signos de vida.
c) Ver, oír y sentir.
d) Insuflar.

**8. Tanto para comprobar la respiración como para comprobar la circulación deben emplearse, como máximo:**

a) 1 minuto.
b) 6 segundos.
c) 10 segundos.
d) 15 segundos.

**9. Cuando se va a ventilar (es decir, a meter aire en la vía aérea) a un lactante, debe insuflarse aire en su:**

a) Boca.
b) Nariz.
c) Orejas.
d) Boca y nariz, simultáneamente.

**10. La relación compresiones-ventilación, en la edad pediátrica, es:**

a) 30:2.
b) 15:2.
c) 5:2.
d) 15:1.

**11.** **Cuando, por la causa que sea, acontece una hemorragia importante, la medida de Soporte Vital Básico a ejecutar es la:**

a) Aplicación de torniquete.
b) Compresión local.
c) Vacunación.
d) Aplicación de pomadas.

**12.** **Si un chico ha sufrido una breve pérdida de conciencia (desvanecimiento o desmayo), nunca debe hacerse algo de lo siguiente:**

a) Aflojar las ropas, especialmente a nivel de cuello y abdomen.
b) Impedir la aglomeración de personas a su alrededor.
c) Arroparlo en caso de que tenga frío.
d) Tratar de ponerlo de pie.

**13.** **En los chicos diabéticos que sufren mareo, desvanecimiento, dolor de cabeza (cefalea), malestar general, escalofríos o inquietud, se debe:**

a) Dar azúcar, pues es probable que tenga hipoglucemia.
b) No dar nunca azúcar.
c) Ventilar boca a boca.
d) Dar masaje cardíaco.

**14.** **En un chico que ha vomitado, una vez superado el episodio, y para prevenir que, en caso de que se repita, el vómito pase a la vía aérea, la posición a adoptar es:**

a) Tendido boca abajo.
b) Incorporado o tendido de lado.
c) En cuclillas.
d) Tendido boca arriba con la cabeza más baja que los pies.

**15.** **Frente a los envenenamientos, lo más importante a hacer es:**

a) Prevenirlos.
b) Tranquilizarse.
c) Provocar siempre el vómito.
d) Facilitar la respiración de aire puro.

En MADTEST tienes **más preguntas de este tema**, y todos tus avances quedan registrados y se reflejan en el ranking.

**¡Supera tus límites con MADTEST!**

# Solución al test n.º 19

**1**. a) Primero la consciencia, luego la respiración y después la circulación.

**2**. b) El llanto fuerte.

**3**. c) Gritarle, llamándolo, y estimularlo, con golpecitos o pellizcos en hombros, brazos o plantas de los pies.

**4**. a) Gritar solicitando ayuda a las personas de alrededor y, de inmediato, abrir la vía aérea.

**5**. d) Frente-mentón.

**6**. d) Todas las respuestas anteriores son ciertas.

**7**. c) Ver, oír y sentir.

**8**. c) 10 segundos.

**9**. d) Boca y nariz, simultáneamente.

**10**. a) 30:2.

**11**. b) Compresión local.

**12**. d) Tratar de ponerlo de pie.

**13**. a) Dar azúcar, pues es probable que tenga hipoglucemia.

**14**. b) Incorporado o tendido de lado.

**15**. a) Prevenirlos.

# TEST N.º 20

**Riesgos laborales. Medidas y actividades de prevención. La seguridad y la salud de las educadoras y educadores de educación especial en los centros educativos**

**1. ¿Qué se entiende por "riesgo laboral"?**

a) La posibilidad de que un trabajador sufra un determinado daño derivado del trabajo.
b) La posibilidad de que un trabajador sufra una enfermedad en el trabajo.
c) La posibilidad de que un trabajador sufra acoso.
d) El riesgo que supone el ir a trabajar.

**2. Indica cuál es la definición de prevención:**

a) La probabilidad racional de que un riesgo se materialice de forma inminente.
b) El estudio de los procesos potencialmente peligrosos para el trabajo.
c) Conjunto de actividades o medidas adoptadas o previstas en todas las fases de actividad de la empresa con el fin de evitar o disminuir los riesgos derivados del trabajo.
d) Posibilidad de que un trabajador sufra un determinado daño derivado del trabajo.

**3. ¿Cuál es la vigente Ley de Prevención de Riesgos Laborales?**

a) Ley 32/1995, de 8 de noviembre.
b) Ley 30/1996, de 8 de noviembre.
c) Ley 31/1995, de 6 de noviembre.
d) Ley 31/1995, de 8 de noviembre.

**4. Entre los principios de la acción preventiva recogidos por el artículo 15 de la Ley de Prevención de Riesgos Laborales, no figura:**

a) Evitar los riesgos.
b) Evaluar los riesgos que se puedan evitar.
c) Tener en cuenta la evolución de la técnica.
d) Dar las debidas instrucciones a los trabajadores.

**5. La evaluación de los riesgos laborales es:**

a) Es un proceso técnico en la organización del trabajo.
b) Un proceso dirigido a estimar la magnitud de los riesgos que no hayan podido evitarse.
c) Es un procedimiento estático.
d) Es una práctica para el control y la protección de los trabajadores.

**6. En los casos de concurrencia de trabajadores de varias empresas en un centro de trabajo cuando existe un empresario principal, uno de los deberes de vigilancia por parte de este, consistirá en:**

a) Impulsar la regulación de esquemas organizativos, que eviten los accidentes de trabajo.
b) Comprobar que las empresas contratistas y subcontratistas concurrentes en su centro de trabajo han establecido los necesarios medios de coordinación entre ellas.
c) Asegurar la correcta utilización por parte de los trabajadores de las empresas concurrentes de los correspondientes dispositivos de seguridad disponibles.
d) Asegurarse de que los trabajadores concurrentes disponen de la formación preventiva correspondiente.

**7. El art. 23 de la LPRL establece la documentación que el empresario debe elaborar y conservar a disposición de la autoridad laboral. De las siguientes no está incluido:**

a) El Plan de prevención de riesgos laborales.
b) Evaluación de los riesgos para la seguridad y la salud en el trabajo.
c) La planificación de la actividad laboral.
d) La relación de accidentes de trabajo y enfermedades profesionales que hayan causado al trabajador una incapacidad laboral superior a un día de trabajo.

**8. El art. 29 de la LPRL establece las obligaciones de los trabajadores en materia de prevención de riesgos. De las siguientes no se considera una obligación del trabajador:**

a) Utilizar correctamente los medios y equipos de protección facilitados por el empresario, de acuerdo con las instrucciones recibidas de este.
b) Usar adecuadamente, de acuerdo con su naturaleza y los riesgos previsibles, las máquinas, aparatos, herramientas, sustancias peligrosas, equipos de transporte y, en general, cualesquiera otros medios con los que desarrollen su actividad.
c) Informar de inmediato a su superior jerárquico directo, y a los trabajadores designados para realizar las actualizaciones que consideren oportunas en el equipo de protección individual.
d) No poner fuera de funcionamiento y utilizar correctamente los dispositivos de seguridad existentes o que se instalen en los medios relacionados con su actividad o en los lugares de trabajo en los que esta tenga lugar.

**9. Los instrumentos esenciales para la gestión y aplicación del Plan de prevención de riesgos laborales son:**

a) La evaluación de riesgos y la planificación de la actividad preventiva.
b) La evaluación inicial de riesgos y la formación.

c) La planificación y la gestión de la actividad preventiva.
d) La identificación y la evaluación de los riesgos.

**10. El posible cambio de puesto de trabajo con riesgo para una trabajadora embarazada:**

a) Deberá realizarse en caso de imposibilidad de adaptación del propio puesto.
b) Se hará previo Informe en tal sentido del Servicio de Prevención.
c) Se determinará por el empresario, y dará información a los representantes de los trabajadores.
d) Se extenderá al período de lactancia.

**11. La prevención de riesgos laborales deberá integrarse en el sistema general de gestión de la empresa a través de:**

a) La política preventiva.
b) El plan de prevención.
c) El consenso de las partes.
d) El poder de decisión del empresario.

**12. ¿Cuándo se deben utilizar los equipos de protección individual?**

a) Siempre.
b) Cuando los riesgos no hayan sido evaluados.
c) Cuando los riesgos no se puedan evitar o no puedan limitarse.
d) Cuando el trabajador lo estime oportuno.

**13. Debe el trabajador prestar su consentimiento para que le realicen vigilancia de la salud:**

a) No.
b) Sí.
c) Depende del número de trabajadores de la empresa.
d) Esta prestación es solo para personal fijo en la empresa.

**14. Según la Ley de Prevención de Riesgos Laborales, es obligación de los trabajadores en materia de prevención de riesgos:**

a) La protección eficaz en materia de seguridad y salud en el trabajo.
b) Utilizar correctamente los medios y equipos de protección facilitados por el empresario, de acuerdo con las instrucciones recibidas de este.
c) Soportar el coste de las medidas relativas a la seguridad y la salud en el trabajo.
d) Desarrollar una acción permanente de seguimiento de la actividad preventiva.

**15. Según el artículo 19 de la Ley de Prevención de Riesgos Laborales, la formación teórica y práctica en materia preventiva deberá:**

a) Impartirse en horario dentro de la jornada de trabajo.

b) Impartirse por igual en jornada de trabajo y fuera del horario de trabajo.

c) Impartirse, siempre que sea posible, dentro de la jornada de trabajo o, en su defecto, en otras horas pero con el descuento en aquella del tiempo invertido en la misma.

d) La formación teórica siempre debe ser en horario dentro de la jornada de trabajo y la formación práctica puede impartirse tanto dentro como fuera de la jornada de trabajo.

En MADTEST tienes **más preguntas de este tema**, y todos tus avances quedan registrados y se reflejan en el ranking.

**¡Supera tus límites con MADTEST!**

# Solución al test n.º 20

**1.** a) La posibilidad de que un trabajador sufra un determinado daño derivado del trabajo.

**2.** c) Conjunto de actividades o medidas adoptadas o previstas en todas las fases de actividad de la empresa con el fin de evitar o disminuir los riesgos derivados del trabajo.

**3.** d) Ley 31/1995, de 8 de noviembre.

**4.** b) Evaluar los riesgos que se puedan evitar.

**5.** b) Un proceso dirigido a estimar la magnitud de los riesgos que no hayan podido evitarse.

**6.** b) Comprobar que las empresas contratistas y subcontratistas concurrentes en su centro de trabajo han establecido los necesarios medios de coordinación entre ellas.

**7.** c) La planificación de la actividad laboral.

**8.** c) Informar de inmediato a su superior jerárquico directo, y a los trabajadores designados para realizar las actualizaciones que consideren oportunas en el equipo de protección individual.

**9.** a) La evaluación de riesgos y la planificación de la actividad preventiva.

**10.** a) Deberá realizarse en caso de imposibilidad de adaptación del propio puesto.

**11.** b) El plan de prevención.

**12.** c) Cuando los riesgos no se puedan evitar o no puedan limitarse.

**13.** b) Sí.

**14.** b) Utilizar correctamente los medios y equipos de protección facilitados por el empresario, de acuerdo con las instrucciones recibidas de este.

**15.** c) Impartirse, siempre que sea posible, dentro de la jornada de trabajo o, en su defecto, en otras horas pero con el descuento en aquella del tiempo invertido en la misma.

# Cómo acceder al Curso

**Escala Educación Especial (C1-04-03 Atención Sociosanitaria, Educación Especial y Cuidados Auxiliares de Enfermería)**
**Test del temario**

El uso de los códigos **es exclusivo de los compradores de los productos de Editorial MAD**. Cada producto posee un código único y de un solo uso. Es personal e intransferible y da acceso a servicios y contenidos adicionales. Editorial MAD se reserva el derecho de hacer cuantas comprobaciones sean necesarias para identificar al legítimo poseedor del código y dejar de dar servicio a quien haga uso fraudulento del mismo, además de emprender cuantas acciones legales estime oportunas según la legislación vigente.

Deberás acceder a:

mad.es/registro-campus

Si una vez aceptadas las condiciones de uso del Campus decides hacer uso del mismo, necesitarás del siguiente código de acceso junto con los códigos del resto de títulos que se exigen (si fuera el caso):

FG2YKUIZPW